Georg Popp

Die Macht der kleinen Schritte

Hilfen zur Bewältigung von Ängsten und Problemen

Quell Verlag Stuttgart
Verlag Friedrich Pustet Regensburg

Meiner Mutter

ISBN 3-7918-2032-X (Quell)
ISBN 3-7917-0907-0 (Pustet)

1. Auflage dieser Ausgabe 1984, 11.-18. Tausend seit Erscheinen
2. Auflage 1986, 19.-23. Tausend
3. Auflage 1988, 24.-27. Tausend
4. Auflage 1989, 28.-31. Tausend
Einbandgestaltung: Heinz Simon, Quell Verlag
Titelbild: Ewald Stark
Herstellung: Quell Verlag, Stuttgart

Inhalt

Was will dieses Buch?

Mit Absicht ist dieses Buch für den Menschen von heute, der mit Streß und Überbelastung leben muß, knapp und einprägsam geschrieben.
Es will keine theoretischen Lehrmeinungen verkünden, sondern praktische, leicht anwendbare Hilfen anbieten. Es zeigt, wie wir unser Leben mit einfachen Mitteln besser überschaubar und frei von Ängsten und Zeitdruck gestalten können.
Das Buch will Wege weisen, die für jeden Leser vollziehbar sind. Es will keine vorgekochten Patentrezepte bringen, sondern Anregungen geben, die im Alltag jedes einzelnen auf seine urpersönliche Situation anwendbar sind.
Dabei beschränkt es sich bewußt auf den Bereich der »kleinen Schritte«, weil der Verfasser überzeugt ist, daß von der Verwirklichung dieser kleinen Schritte im Alltag auch auf Ihr Leben eine große Wirkung ausgehen kann: Sie werden neuen Mut und neue Hoffnung finden.

Die Macht der kleinen Schritte

Berge türmen sich auf

Jeder von uns kennt diese Situation: man arbeitet und arbeitet, doch die Arbeit wird nicht weniger, sie wird immer mehr. Die Schwierigkeiten wachsen.
Die Anforderungen im Beruf wie die Anforderungen im Haushalt oder im privaten Leben werden immer größer. Ob Kinder oder Ehepartner, ob Chef oder Mitarbeiter, überall sollen wir noch mehr Verständnis zeigen. Noch größere Leistungen erbringen. Noch mehr Wünsche erfüllen.
Oft bleibt es nicht lange aus, bis sich ein ganzer Berg von Problemen vor uns auftürmt. Alles ist nur noch in großes Dunkel gehüllt.
Wir können unsere einzelnen Aufgaben nicht mehr richtig überschauen.
Wir sehen nicht mehr durch.
Wir wissen nicht mehr weiter.
Wir werden mutlos. — Niedergeschlagen.
Am Ende sogar verzweifelt.
Alles, was wir noch wissen oder woran wir noch glauben: das schaffe ich nie!
Dabei ist seit über 100 Jahren die offizielle Arbeitszeit in Europa immer geringer und die sogenannte Freizeit, also die »freie« Zeit, die Zeit, welche wir zur Entspannung und Erholung zur Verfügung haben, immer größer geworden.
In Wirklichkeit aber werden wir Menschen immer unausgeglichener, immer nervöser und reizbarer, weil uns Sorgen und Leistungsdruck immer mehr belasten. Dazu kommt die Angst. Angst, die uns bedrückt. Die uns verunsichert. Die uns manchmal gar die Kehle zuschnürt.

Die uns den Atem nimmt.
Sie macht uns noch ratloser und verlassener.
Woran liegt das alles? Daß wir uns den Anforderungen in unserem Leben oft nicht mehr gewachsen fühlen?
Daß wir kein Herauskommen aus den Sorgen und Ängsten sehen? Daß sich Schwierigkeiten und Probleme wie eine große, unüberwindbare Mauer vor uns aufbauen? Eine Mauer, die nicht mehr überschaubar ist?
Wir wissen nicht, wie wir unsere Probleme abbauen oder verringern können.
Wir kennen keinen Weg, unsere Situation entscheidend zu verbessern.

Warum sehen wir manchmal keinen Weg mehr?

Durch das Fernsehen haben wir uns daran gewöhnt, daß wir nur auf den Knopf drücken müssen und schon mit Berlin, Moskau, New York, Australien oder Südamerika Kontakt haben.
Wir erreichen weit entfernte Punkte in unserem Leben ohne jede besondere Anstrengung. In einem Tag Paris oder Venedig mit dem Auto oder Gran Canaria mit dem Flugzeug zu erreichen ist für uns heute keine Schwierigkeit mehr.
Die Wegstrecke dorthin schaffen wir mit Motorkraft in brausender Geschwindigkeit oder brauchen sie wie beim Fernsehen oder Telefon persönlich überhaupt nicht mehr zurückzulegen. Mittels unserer modernen Technik

sind wir in Sekundenschnelle überall dort, wo wir sein wollen.
Wir müssen also gar keinen Weg mehr Schritt für Schritt zurücklegen, um einen anderen Ort zu erreichen.
Wer aber keinen Weg mehr selbst durchwandert, mit offenen Augen und Zeit zum Betrachten und Schauen, der kann natürlich auch keine Wege mehr kennenlernen.
Wir, die wir so einfach nach Rom oder Paris kommen, wir stehen dann mutlos da, wenn wir mit Schwierigkeiten fertig werden müssen, die einmal größere Anforderungen an uns stellen als die täglich verrichteten Arbeiten.
So wie wir es verlernt haben, die einfachsten Wege im Leben noch bewußt zu gehen, so haben wir es durch die verschiedensten technischen Hilfsmittel auch verlernt, mit ungewohnten Schwierigkeiten in unserem Leben fertig zu werden.
Wehe, wenn etwas nicht gleich klappt, nicht gleich so in Erfüllung geht, wie wir es uns wünschen.
Das können wir uns einfach nicht vorstellen.
Dafür haben wir keine Zeit.
Für das richtige Suchen nach einer Lösung bringen wir keine Geduld auf. Denn nach der in allen Werbespots, Anzeigen und Prospekten groß propagierten Vorstellung gibt es ja in unserer Zeit überhaupt keine Schwierigkeiten im Alltag mehr. Davon haben uns die vielen Lieferanten und Fabrikanten mit ihren modernen Erzeugnissen längst befreit.
Wenn es einmal doch Probleme geben sollte, dann sind dafür ja Fachleute, »Drucktasten-Geräte«, »Münzeinwurf-Automaten« oder im schlimmsten Fall rasch wirkende Beruhigungs- oder Schmerzmittel vorhanden.

Für was also sollen wir uns noch abplagen?
Für was noch Geduld haben?
Für was unnötige, »wertvolle« Zeit opfern?
Wie oft rufen mich Menschen an, um am Telefon eine Lösung auf ihre Fragen zu erhalten. Wenn ich sie dann zu einer persönlichen Besprechung einlade, weil man viele Probleme einfach nicht am Telefon in fünf Minuten abhandeln kann, dann haben manche Anrufer »noch so viel zu tun«, daß sie für ein persönliches Gespräch über ihre eigenen Sorgen keine Zeit haben. Als ob es etwas Wichtigeres für uns geben könnte als die Lösung unserer ureigensten menschlichen Probleme!

Hier finden wir die Antwort, warum wir so oft keinen Weg mehr sehen, wie wir aus unseren Schwierigkeiten herauskommen können:
Wir wollen uns keine Zeit mehr nehmen für die Lösungen unserer Probleme. Wir brauchen unsere Zeit ja für »wichtigere Dinge«.
Wir sind es nicht mehr gewohnt, über eine wichtige Aufgabe zuerst einmal richtig nachzudenken und in Ruhe eine Lösung zu suchen. Alles muß sofort, noch heute, jetzt gleich geschehen.

Wenn wir wieder neue Wege finden wollen zur Lösung unserer Schwierigkeiten und Probleme, neue Wege, die uns aus unseren Ängsten und Unsicherheiten herausführen und neues Vertrauen und neue Sicherheiten schenken, dann müssen wir zuallererst bereit sein, diese Wege auch selbst gehen zu wollen.
Schritt für Schritt.

Können Sie zu Fuß nach Moskau gehen?

Lassen Sie einmal die politischen und klimatischen Schwierigkeiten unbeachtet, und stellen Sie sich vor, daß Sie ganz einfach und schlicht eine große, weite Wanderung unternehmen sollen, die Sie bis nach Moskau führt. Unterstellen wir auch, daß Sie auf dem langen, mühseligen Weg jeden Abend eine Herberge zum Ausruhen und Übernachten finden: Könnten Sie zu Fuß eine so große Strecke gehen? Über 1000 Kilometer weit? Sie halten diese Frage für unsinnig? Das ist ja viel zu weit? Für einen normalen Sterblichen überhaupt nicht möglich?
Nun, ich kann es Ihnen nachfühlen. Bevor ich mich mit der Thematik dieses Buches befaßte, hätte ich auch jedem, der mich »so etwas Dummes« gefragt hätte, geantwortet: »Sie sind wohl nicht bei Trost?« — »Das kann doch nicht Ihr Ernst sein!«
Doch heute bin ich mir nicht mehr so sicher, ob ich diese Antwort noch gebrauchen würde. Ich habe nämlich bei den Chinesen nachgelesen und dort eine frappierende Antwort gefunden: die Chinesen können es!

Chinesen können 1000 Meilen weit laufen

Nicht weil sie eine bessere Kondition hätten oder erfolgreichere Läufer wären als wir.
Nicht weil sie ein spartanisches Leben gewohnt sind.

Das würde es ihnen voraussichtlich etwas leichter machen als uns Europäern.
Nicht weil sie besonders gute Wanderer wären. Auch unsportliche »Büro-Chinesen« können Höchstleistungen vollbringen, die wir auf den ersten Blick hin als »unmöglich« bezeichnen würden.
Chinesen könnten 1000 Meilen weit laufen, weil sie zu dieser — auch für sie riesengroßen — Anstrengung *eine andere Einstellung* haben als wir.
Während wir tüchtigen — und dadurch oft gehetzten — Mitteleuropäer nämlich gleich immer eine riesige Entfernung auf einmal, als Ganzes, überschauen wollen — so wie wir bei unseren Schwierigkeiten und Problemen auch immer gleich die gesamte Summe aller Schwierigkeiten vor uns sehen, also gleich immer den ganzen hohen Berg aller Probleme —, haben es die Chinesen dagegen gelernt, ihr Leben, und jede einzelne ihrer Aufgaben, in viele kleine Einzelschritte aufzuteilen. In Einzelschritte, die sie jeweils auf einmal bewältigen, die sie jeweils an einem einzigen Tag gehen können.
Chinesen — und andere mit der Natur noch verwachsene Völker — wollen nicht »alles auf einmal«, alles oder nichts.
Sie lassen sich nicht vorschnell von falschen Betrachtungsweisen abschrecken und entmutigen. Sie sind viel klüger als wir bei der Bewältigung ihres Lebens.
Sie, die es noch gewohnt sind, auch weite Wege zu Fuß oder mit dem Fahrrad zurückzulegen, haben daraus eine Erfahrung gezogen, die gleichsam verblüfft ob ihrer Einfachheit und Schlichtheit wie auch ihrer einmaligen Wirksamkeit und ansteckenden Begeisterung.
Diese ihre Erfahrung ist eine Lebensweisheit, die für sie ein Leben vorhält.

Eine Lebensweisheit, die auch Ihr persönliches Leben entscheidend verändern kann.
Die Chinesen haben diese Weisheit in ein ganz einfaches, schlichtes Sprichwort gefaßt:
»1000 Meilen beginnen mit einem kleinen Schritt!«

Das Geheimnis der kleinen Schritte

1000 Meilen beginnen mit einem kleinen Schritt.
Lassen Sie mich mit einer Situation beginnen, die wir alle schon erlebt haben und nur zu gut kennen:
Wir wachen frühmorgens auf — oder der Wecker hat uns wachgerasselt — und sind wie gelähmt vor Angst. Denn heute steht uns ein Berg von Aufgaben zur Erledigung an, von dem wir noch nicht wissen, wie wir ihn abtragen sollen, wie wir die einzelnen vielen Punkte erledigen können. Noch viel schlimmer kann es sein, wenn uns eine kritische Aussprache bevorsteht, eine vielleicht unangenehme Begegnung, vor der wir am liebsten davonlaufen würden...
Was machen wir dann?
Denken wir über unsere Probleme nach?
Über ihre Lösung?
Wie wir es vielleicht doch schaffen könnten?
Nein.
Zuerst einmal drehen wir uns im Bett auf die andere Seite und ziehen die Bettdecke ganz fest über uns hinüber, damit wir ja nichts sehen und hören. Wir versuchen also auf diese für uns sehr bequeme Weise, zunächst einmal unsere Angst vor dem heutigen Tag zu verdrängen.

Denn berechtigt ist sie ja schon, die Angst.
Diese Arbeit!
Noch nie eine so schwierige Aufgabe auf dem Tisch gehabt.
Diese bevorstehende Aussprache!
Mir wird schon ganz schlecht, wenn ich nur daran denke.
Also: umdrehen, zudecken, von nichts etwas sehen oder hören wollen.
Wir verdrängen alles, was uns heute unbequem werden könnte.
Aber allzu lange können wir so nicht abschalten. In Wirklichkeit geht nämlich die Angst auch unter der Bettdecke — zumindest in unserem Unterbewußtsein — weiter.
Und wir schieben sie vor uns her, bis wir in der letzten Minute aus dem Bett hetzen oder vielleicht den notwendigen Anfang versäumt haben.
Wie verhalten sich dagegen unsere Chinesen?
Sie erschrecken nicht vor einem großen Berg oder einer weiten Strecke, einer großen von ihnen geforderten Leistung.
Sie haben auf ihren weiten Fußmärschen erfahren, daß auch der längste und schwierigste Weg mit *einem einzigen kleinen* Schritt beginnt.
Daß auch eine kaum zu lösende Aufgabe, daß auch eine riesengroße Leistung zunächst keine größere Anforderung an sie stellt, als *einen* kleinen, ersten Schritt zu machen!
Weil wir Europäer an diese alte Weisheit zuwenig denken, entstehen bei uns oft Verzagtheit und Depressionen: wir sehen entweder nur die ganze riesengroße Aufgabe, oder wir glauben, einen schweren Auftrag dann am besten erledigen zu können, wenn wir sofort — mög-

lichst rasch, ohne gründliches Nachdenken — mit Riesenschritten ans Werk gehen.
Statt Schritt für Schritt vorzubereiten, »stürzen« wir uns in die Arbeit und sind dann verwundert, wenn wir bald nicht mehr weiterwissen oder sehr schnell unsere Kräfte verausgabt haben.
Wir schauen der Natur kaum noch etwas ab. Sonst würden wir dort sehen, daß alles Wachsen und Reifen seine Zeit braucht. Oft wäre uns und unserer Gesundheit besser gedient, wenn wir langsamer, bedächtiger, dafür aber auch ausdauernder und anhaltender ans Werk gingen.
1000 Meilen beginnen mit *einem kleinen* Schritt.
Beide Worte sind wichtig!

Jede Aufgabe im Leben beginnt mit einem einzigen Schritt

Jede Aufgabe, auch die größte und schwerste, beginnt mit *einem* Schritt! Wir müssen niemals zwei Schritte auf einmal tun. Das hat schon unsere Natur wunderbar eingerichtet: zwei oder mehr Schritte *auf einmal* — nicht hintereinander — könnten wir nur hopsen, nie aber richtig gehen!
Nur immer *ein einziger* Schritt wird jeweils von uns im Leben verlangt, wenn wir eine Aufgabe richtig und gut lösen sollen. — Warum?
Hier kann mir jemand entgegenhalten: Wenn ich wirklich so arbeite, so mein Leben gestalte, daß ich immer nur einen Schritt und nicht mehrere auf einmal erledige,

dann werde ich nie mit meiner Arbeit fertig. Dann komme ich nie auf einen grünen Zweig.
Nun, wenn Sie eine andere Methode haben — vielleicht drei Schritte auf einmal zu machen oder immer gleich riesengroße Sprünge —, dann möchte ich Sie fragen — oder viel besser noch, fragen Sie sich doch bitte einmal selbst: Was haben Sie mit Ihrer bisherigen Schnellmethode erreicht?
Wie sieht es mit Ihrem Durchhaltevermögen aus?
Wie rasch sind Sie außer Atem?
Wie oft sind Sie krank?
Wie hat bisher Ihr Herz, wie haben bisher Ihre Nerven mitgespielt?
Wieviel Urlaub brauchen Sie im Jahr, und wie schnell ist die Erholung wieder verbraucht?

Wer zwei oder drei Schritte jeweils auf einmal machen will, verbraucht seine Gesundheit und seine Ausdauer doppelt so schnell. So rasch wie eine Kerze, die man gleichzeitig an zwei Enden anbrennt.
Wie Sie wirklich Ihre Probleme und Schwierigkeiten bewältigen können und dabei gleichzeitig zu mehr Ruhe und mehr Ausgeglichenheit finden, ist das Ziel dieses Buches.

Und es wird Ihnen zeigen — auch wenn es für Sie im Moment vielleicht noch nicht erklärbar oder glaubhaft erscheint —, daß dazu als erster Lernschritt für Ihr zukünftiges Leben notwendig ist, daß Sie versuchen, *immer nur einen* Schritt nach dem andern zu machen, und nicht mit beiden Beinen aufgeregt durch die Gegend zu hopsen.
1000 Meilen beginnen mit einem kleinen Schritt.

Nur der erste Schritt ist wichtig

Gehen wir noch einmal zu unserem Beispiel mit unserer Angst beim Aufwachen zurück:

Wir denken an ein Problem, das wir vielleicht um 11 Uhr erledigen müssen, oder an eine Aussprache, die eigentlich erst am Nachmittag auf uns zukommen wird. Und doch sind wir schon frühmorgens gelähmt...

Dabei ist jetzt, in der Situation des Aufwachens, gar keine große Aufgabe von uns gefordert. Eine warme Dusche steht bereit, ein gutes Frühstück wird uns erwarten...

Nur dieser Druck wegen des heutigen Tages...

Jetzt ist für mich doch nur eines wichtig: der eine Schritt aus dem Bett heraus.

Nun, der mag unbequem sein. Im Bett ist es natürlich schöner, wärmer...

Der Schritt mag uns nicht leicht fallen. Kaum richtig geschlafen in der Nacht...

Aber deswegen Angst haben? Vor diesem einen Schritt aus dem Bett heraus?

Deswegen sich neu unter die Bettdecke verkriechen?

Was wird damit besser?

Wenn ich nicht aufstehe, verliere ich Zeit, die ich zum Nachdenken für meine Problemlösung verwenden könnte.

Wenn ich gleich aufstehe, gewinne ich Zeit zur besseren Vorbereitung auf die Aussprache.

Wenn ich nicht aufstehe, verbleibt mir keine Zeit, meine Tagesarbeit in Ruhe richtig einzuteilen.

Nur der nächste Schritt ist von mir gefordert.

In diesem Fall der Schritt des Aufstehens.

Nur dieser eine ist jetzt für mich wichtig, um Ordnung in meinen heutigen Tag zu bringen.
Versuchen Sie es doch gleich morgen einmal beim Aufstehen, sich selber vorzusagen:
1000 Meilen beginnen mit *einem ganz kleinen* Schritt. Mein heutiger Tag beginnt ganz einfach und leicht jetzt damit, daß ich mein linkes — oder rechtes — Bein aus dem Bett herausnehme und einen Anfang mache.
Dieses Beispiel vom Aufstehen am Morgen gilt für jede Schwierigkeit in unserem Leben.
Niemand erwartet von Ihnen, daß Sie einen ganzen Berg von Arbeit auf einmal in einer halben Stunde oder in einem halben Tag abtragen können.
Niemand erwartet von Ihnen, daß Sie eine ungewohnte, noch nie geübte Aufgabe auf Anhieb perfekt wie ein erfahrener Meister lösen.
Höchstens Sie selbst erwarten das aufgrund falscher Vorstellungen. Und damit handeln Sie sich Ängste und Krankheiten ein, die Sie sich leicht ersparen können.
Was man von Ihnen erwartet: daß Sie einen neuen Anfang machen. Daß Sie nicht schon *vor* jedem Beginn sich ängstigen und zu zweifeln anfangen.
Was man von Ihnen erwartet: daß Sie einen ersten Schritt tun.
Sie selbst aber belasten sich unnötig, wenn Sie gleich den ganzen großen Berg von Aufgaben vor sich sehen, der heute wieder auf Sie wartet. Sie schaffen sich nur zusätzliche Schwierigkeiten, wenn Sie sich von der Angst vor dem neuen Tag bedrücken lassen, anstatt mit *einem kleinen* Schritt jetzt und gleich zu beginnen.
Wie oft haben Sie es in Ihrem eigenen Leben schon erfahren: Ich muß mich nur auf den Weg machen, einen ersten Schritt tun, dann finde ich auch Hilfen und Weg-

zeichen für die weiteren Schritte. Solange ich untätig und verzagt herumsitze, finde ich keinen Weg.
Von den kleinen Kindern können wir es abschauen: sie fangen einfach an, einen Schritt zu machen, wenn sie gehen lernen.
Ihr ganzes Leben lang könnten Kinder nicht laufen, wenn sie nicht den Mut und die Unbefangenheit zu einem ersten Schritt hätten.
Dieser erste kleine Schritt allein ist wichtig!
Ohne einen kleinen ersten Schritt gibt es keinen Neubeginn, gibt es keine Lösung Ihrer Probleme.

Von Bergsteigern und Viertausendern

Wenn Bergsteiger einen Drei- oder Viertausender besteigen, sehen wir als unerfahrene und ungeübte Laien dies immer als eine großartige Hochleistung.
Haben Sie aber auch schon einmal einen Bergsteiger beim Gehen beobachtet oder vielleicht sogar begleitet?
Geht er rasch?
Er hat ja eine große Strecke vor sich!
Beeilt er sich atemlos?
Nimmt er zwei Schritte auf einmal?
Macht er sehr große Schritte, damit er besser, rascher vorankommt?
Weder — noch.
Keines von alledem.
Bergsteiger gehen ihren Weg *behutsam*, mit *kleinen* Schritten. *Schritt für Schritt.*
Je schneller sie gehen, je größere Schritte sie machen

würden, um so schneller wären sie ermüdet. Könnten nicht durchhalten. Müßten frühzeitig umkehren.
Das ist auch »das Geheimnis der kleinen Schritte«:
Je *kleiner* ich meine eigenen Schritte bemesse,
um so leichter werden sie,
um so überschaubarer werden sie,
um so weniger Schwierigkeiten machen sie mir,
um so weniger Angst habe ich vor dem nächsten Schritt.
Deshalb heißt ein wichtiger Punkt, wenn auch Sie »die Macht der kleinen Schritte« in Ihrem Leben anwenden wollen:
Bemessen Sie Ihre einzelnen Schritte nie zu groß!
Lieber drei kleine Schritte als einen großen. Je größer ich einen Lösungsschritt ansetze, um so rascher bin ich müde und abgespannt. Je umfangreicher ich einen Arbeitsschritt bemesse, um so leichter kann mich Verzagtheit oder Enttäuschung überkommen.
Jeder Schritt, den ich mir in meinem Leben vornehme, soll nur so groß sein, daß er meinem eigenen Leistungsvermögen angepaßt ist. Jede Aufgabe, mit der ich in meinem Leben fertig werden muß, kann ich in so viele Einzelschritte aufteilen, daß sie von mir in ihrer ganzen Ausführung übersehen, dementsprechend gut vorbereitet und dann ohne Angst und ohne Überbeanspruchung ausgeführt werden kann.
Lieber ein großes Problem in mehrere kleine Probleme, eine große Arbeit in verschiedene, kleinere Arbeitsabschnitte aufteilen!
Wenn zum Beispiel einer Hausfrau, die großen Besuch hatte, schon in der Nacht die Haare zu Berge stehen, sobald sie nur an die viele Arbeit am anderen Tag denkt, dann kann sie einen Teil dieses Arbeitsberges doch sofort noch abtragen.

Natürlich sind wir alle müde, wenn Gäste lange zu Besuch waren. Wir wollen ins Bett und nichts mehr vom Arbeiten wissen. Aber wenn wir wenigstens noch die Gläser und Teller abräumen...
Meistens können wir einen kleinen Schritt immer noch zusätzlich tun, der uns für den nächsten Tag schon wieder etwas mehr Luft macht — und im übrigen noch ein kleines Erfolgserlebnis dazuschenkt: Jetzt habe ich doch noch abgeräumt und die stickigen Aschenbecher auch noch ausgeleert!
Die Chinesen zeigen uns, wie wir auch mit der größten Schwierigkeit, mit den größten Problemen fertig werden können: indem wir nicht das ganze Problem auf einmal erledigen wollen, sondern indem wir die Probleme aufteilen und uns auf den ersten notwendigen Schritt konzentrieren!
Viele Beispiele in den folgenden Kapiteln werden es bestätigen:
Jede große Aufgabe beginnt mit *einem kleinen* Schritt, vor dem ich keine Angst zu haben brauche. Jedes Problem im Leben kann ich bewältigen, wenn ich mich an das Sprichwort der Chinesen halte:
1000 Meilen beginnen mit *einem kleinen* Schritt.

Wie bewältige ich meine Ängste und Probleme?

Angst

Bevor ich weiter über die große Macht und die befreiende Wirkung der kleinen Schritte in unserem Leben schreibe, möchte ich mich an dieser Stelle zunächst ganz konkret mit dem Thema »Angst« beschäftigen.
Wenn wir mit Hilfe der kleinen Schritte unsere Ängste und Depressionen besiegen und unsere Probleme und Schwierigkeiten in den Griff bekommen wollen, müssen wir zunächst wissen, was Angst ist, warum wir Ängste und Depressionen erleben, wie diese entstehen.
Lassen Sie mich mit einer für Sie vielleicht überraschenden Feststellung beginnen:
Jeder Mensch hat Angst.
Viele Menschen haben mehr Ängste, als wir sehen oder glauben wollen.
Und lassen Sie mich einen Trost anfügen:
Jeder von uns kann lernen, mit seinen Ängsten umzugehen, seine Ängste zu beherrschen. Man kann seine Ängste besiegen.
Dazu gehören in erster Linie nicht riesengroße Anstrengungen, sondern vielmehr bessere Kenntnisse über unseren Körper und über unser menschliches Verhalten.
Stimmt das wirklich, daß *jeder* Mensch Angst hat?
Wir kennen doch Männer und auch Frauen, die nicht nur sehr selbstsicher, sondern auch energisch und kraftvoll auftreten können, wie Sie es sich vielleicht nie getrauen würden?
Menschen, die keine Hemmungen zu haben scheinen.
Menschen, die keine Ängste zu haben scheinen.
Scheinen!
Wenn ein Mensch allzu kraftvoll und »lebenssicher« auf-

tritt, dann versucht er dadurch zumeist nur seine eigene Unsicherheit, seine eigenen Ängste zu verdrängen oder zu überspielen.
Menschen, die über ihren Ängsten stehen, treten auch in ihrem ganzen Wesen zurückhaltend, beherrscht und ruhig auf.
Doch bleiben wir zunächst bei der Feststellung:
Jeder Mensch hat Angst.

Warum haben wir Angst?

Wir alle erleben Ängste, weil die Angst eines der wichtigsten und positivsten Urgefühle zur Erhaltung unseres Lebens ist.
Die Angst ist notwendig für das Überleben im Kampf um unser Dasein. Sie ist eine notwendige Schutzreaktion, die wir alle dringend benötigen, wenn wir nicht ungewarnt und leichtsinnig (=leichten Sinnes) uns in Lebensgefahr begeben wollen.
Denken Sie nur daran, wie Sie sich auf einem schmalen Berggrat in schwindelnder Höhe oder in einem kleinen Segelboot bei einem heraufziehenden Sturm verhalten würden, wenn Sie nicht das Gefühl der Angst hätten, daß nämlich bei auch nur einem unvorsichtigen Tritt Sie tief hinabstürzen oder bei einer falschen Einschätzung des aufziehenden Sturmes Sie bald in den hohen Wellen kentern und ertrinken könnten.
Aber Sie müssen gar nicht an solche schwierigen Gefahrenmomente denken. Nehmen Sie einige Beispiele aus dem alltäglichen Leben:

Wie unkontrolliert würden wir im Alltag als Fußgänger über eine belebte Autostraße gehen, wie leichtfertig würden wir im Auto an unübersichtlichen Stellen überholen, wie unaufmerksam beim Pilze- oder Beerensammeln sein, wenn wir nicht durch unseren Instinkt im Unterbewußtsein gewarnt würden, uns vorsichtiger, umsichtiger, aufmerksamer in unserem Leben zu verhalten.

Die Angst ist also keine negative Sache, deren Sie sich schämen oder die Sie verdrängen müßten. Ganz im Gegenteil:

Angst ist eine *lebensnotwendige,* eine äußerst wichtige, *positive Reaktion* in Ihrem Leben!

Wenn jemand Ihnen vormachen will, daß er keine Angst, grundsätzlich keine Angst habe, dann schwindelt er Sie an, oder er hat in seinem Inneren so vieles verdrängt, daß er sich und sein ureigenes Leben nicht genügend kennt und darüber nicht Bescheid weiß.

Ein lebensnotwendiger Vorgang

Weil es so wichtig ist, wenn wir unsere Ängste immer besser in den Griff bekommen und besiegen wollen, wiederhole ich es hier noch einmal:

Angst hat jeder Mensch.

Angst ist ein für uns lebensnotwendiger, positiver Vorgang!

Sie brauchen wegen Ihrer Ängste also in keinem Fall Minderwertigkeitskomplexe zu haben oder sich Ihrer Ängste zu schämen.

Als ein wagemutiger Drachenflieger einmal interviewt wurde, ob er nicht Angst gehabt habe bei seinem vollendeten Flug, den er von einem 2600 Meter hohen Berg über zerklüftete Wände hinab ins Tal gewagt hatte, da gab er unumwunden zu, daß er »eine ganze Menge« Angst ausgestanden habe.
»Aber ohne diese Angst hätte ich mich nicht so sorgfältig konzentriert, wie es bei einem so gefährlichen Flug notwendig ist. Ich hätte nicht so genau auf die Luftströmungen geachtet, ich hätte meinen Körper lange nicht so angespannt unter Kontrolle gehabt . . .«
Angst ist also lebensnotwendig!
Das weiß unser Körper am allerbesten.
In Gefahrenzuständen, die ihm durch eine Angst signalisiert werden, sorgt er blitzartig durch eine erhöhte Adrenalin-Ausschüttung dafür, daß wir im Nu kampf- und entscheidungsbereit sind.
Nicht nur unsere Muskeln spannen sich an und unser Blutdruck steigt. Auch unser Gehirn tritt blitzschnell in Tätigkeit und sucht eine Lösung, ob wir mit der uns gegenüberstehenden Gefahr den Kampf aufnehmen — weil wir uns ihr gewachsen fühlen — oder ob wir die Flucht ergreifen sollen, weil wir dieser Bedrohung unseres Lebens nicht standhalten können.
Zwei einfache Beispiele hierfür:
Bei einem kleinen Zimmerbrand können wir in Sekundenschnelle — durch die Angst vorgewarnt — mit einem Feuerlöscher den Kampf gegen das Feuer aufnehmen. Wenn dagegen ein Tankwagen in unserer Nähe explodiert, signalisiert uns die gleiche körperliche Angst, daß wir vor dieser Feuerwand als Einzelmenschen nur noch blitzschnell in Deckung gehen können oder schnell davonlaufen müssen.

Angst und Angst ist nicht das gleiche

Ohne Angst würden wir also Gefahren für unser eigenes Leben nicht erkennen, wir würden uns einer Gefahr gegenüber falsch verhalten oder zu langsam, zu spät reagieren. Diese lebensrettende Angst möchte ich hier die »positive Angst« in unserem Leben nennen, weil sie in uns *positive* Reaktionen auslöst:

Die Angst vor einem auf uns zu rasenden Auto erhöht unsere Aufmerksamkeit.

Sie verstärkt unsere Reflexe.

Wir reagieren schneller und genauer.

Unser Geist wird angespornt. Auf Prüfungen bereiten wir uns zum Beispiel besser vor.

Unser ganzer Körper steht unter einer erhöhten Konzentration.

All dies sind positive Auswirkungen, die eine Angst in uns erzeugen kann, die eine Angst für unser Leben positiv macht.

Viel besser aber kennen wir die Angst in unserem Leben, die zumeist gleich in der Mehrzahl auftritt:

Es sind Ängste, die uns lähmen und passiv machen.

Ängste, die uns den Mut und die Hoffnung nehmen wollen.

Ängste, die uns einsam und verlassen wähnen.

Wenn wir dies einmal näher betrachten, werden wir bei genauerem Hinsehen feststellen, daß es sich zumeist um solche Ängste handelt, die wir in Wirklichkeit *nicht wahrnehmen* können, wie zum Beispiel ein auf mich zu rasendes Auto oder eine Bombenexplosion, sondern daß es sich dabei um Angstzustände handelt, die wir nur *vermuten* oder *erahnen.*

Wieviel Ängste aber gibt es, die wir nur vermuten: »Das schaffe ich nie.«
Nur weil ich eine ungewohnte Aufgabe zum erstenmal in Angriff nehmen soll, verliere ich jeden Mut, mich daranzuwagen.
»Das weiß ich nicht.«
Weil ich noch nie etwas von einer bestimmten Sache gehört habe, verschlägt es mir ängstlich die Sprache.
»Ich sehe nicht mehr durch.«
Nur weil ich vor lauter Belastungen den Überblick verloren habe, will ich gleich die Flinte ins Korn werfen.
Die Angst vor der Zukunft — behalte ich meinen Arbeitsplatz, meine Existenz? — wie die Angst vor den Fehlern der Vergangenheit schlägt uns auf den Magen oder löst Herzbeschwerden aus.
Die Angst wegen fehlender Informationen.
Nur weil unsere Kinder seit mehreren Tagen von einem Auslandsurlaub nichts mehr von sich haben hören lassen, fangen wir an, innerlich unruhig zu werden.
Die Angst wegen falscher Unterstellungen.
Nur weil wir glauben — ohne daß wir irgendeinen Beweis dafür haben —, daß in der neuen Firma besonders hohe Anforderungen an uns gestellt werden, haben wir Angst vor dem ersten Arbeitstag. Nur weil uns der Chef gestern mißmutig angeschaut hat, glauben wir, daß er über uns verärgert sei. In Wirklichkeit hatte er mit seinen Zahnschmerzen zu kämpfen.
Oder weil der Ehepartner mit einem verärgerten Gesicht zur Haustür hereinkommt, glauben wir, daß dieser Ärger uns persönlich gelten soll. In Wirklichkeit hat ein verrückter Autofahrer schuld an der schlechten Laune des anderen.
Gerade durch solche falschen Unterstellungen oder

durch falsche Auslegungen — wir beziehen Äußerungen oder Ausdrucksformen auf uns, obwohl wir überhaupt nicht gemeint sind — entstehen viele unberechtigte Ängste und Sorgen im Leben.
Diese Liste der vermuteten Ängste kann beliebig fortgesetzt werden.
Alle diese Ängste entstehen nicht durch Realitäten, sondern aufgrund *nicht bewiesener Befürchtungen.*
Diese Befürchtungen sind es, die unsere Lebenseinstellung ins Negative wandeln und die ich deswegen als »negative Ängste« bezeichnen möchte.
Weil sie unser Leben so sehr negativ beeinflussen, daß wir oft daran erkranken, müssen wir ihre Entstehung und ihre Auswirkungen besser kennenlernen.

Wie sich Ängste auswirken

Während eine positive Angst also eine positive Gegenreaktion auslöst, machen uns die negativen Ängste seelisch wie auch körperlich krank.
Wir stehen ständig unter einem Gefühl des Nichtkönnens, und wir ängstigen uns aufgrund *falscher Vorstellungen,* gegen die wir uns nicht wehren können oder nicht zu wehren wissen.
Auch falsche *Unterstellungen* führen oft zu großen Mißverständnissen. Da waren wir aus irgendwelchen Gründen lange Zeit nicht mehr in unserer Freundesrunde oder nahmen an einer Veranstaltung nicht mehr teil. Wir bekommen — warum eigentlich? — ein schlechtes Gewissen und trauen uns jetzt nicht mehr, dort hinzu-

gehen. Denn »die schauen mich ja doch schief an«. Das unterstellen wir, ohne den geringsten Beweis dafür zu haben. Wenn wir es in der Praxis wirklich ausprobieren und nach langer Zeit wieder einmal eine alte, vertraute Runde aufsuchen, werden wir erstaunt sein, wie viele sich ehrlich freuen, daß wir uns auch wieder einmal sehen lassen. Wir haben fälschlicherweise also Angst, weil wir etwas annehmen, das gar nicht stimmt. In Wirklichkeit werden wir ja gerne gesehen.

Oder ein anderes Beispiel: Wir bekommen in unserem Beruf einen Arbeitsauftrag, den wir bisher noch nie ausgeführt haben. »Wie soll ich das können? Das habe ich doch noch nie gemacht.«

Richtig. Aber habe ich nicht Arbeitskollegen, die ich fragen kann, die mir weiterhelfen? Habe ich nicht selbst einen Verstand, mit dem ich über die Bearbeitung des ungewohnten Auftrages nachdenken kann?

Nur weil ich etwas noch nicht gemacht habe, nur weil ich in einer Sache noch keine Erfahrung habe, ist das doch noch lange kein Grund, davor Angst zu bekommen.

Wir haben nicht gelernt, unsere negativen Ängste auf ihre Richtigkeit hin zu überprüfen, und wir wissen nicht — im Gegensatz zu der positiven Angst —, wie wir diese Art von Befürchtungen von uns fernhalten können.

Also machen diese sich in uns breit, »toben sich in uns aus«, bis sie sich in Form von Krankheiten in unserem Körper niederschlagen, weil unser Geist mit ihnen nicht fertig geworden ist.

Statt Ängste und Probleme — wie auch Aggressionen — »auf-zu-arbeiten«, wollen wir mit Ängsten und Problemen möglichst nichts zu tun haben. Wir »verdrängen« sie im wahrsten Sinne des Wortes aus unserem Geist und unserer Seele heraus und in unseren Körper hinein.

Magenschmerzen, Herzbeklemmungen, Atembeschwerden und Neuralgien sind dann die Folgen.
Dafür wiederum gibt es gute Beruhigungsmittel, Schmerztabletten und Herztropfen. Diese können die ausgelösten Krankheiten auch vorübergehend lindern. Der Krankheitsherd aber bleibt im Körper, weil wir die eigentlichen Verursacher gar nicht kennengelernt haben und deshalb auch nicht beseitigen konnten.
So werden wir von einer »psycho-somatischen«, das heißt von einer durch die Seele ausgelösten Krankheit oft nie mehr richtig gesund. Unsere Krankheit wird chronisch.
Oder es kommt zu einem nicht enden wollenden Kreislauf, die Krankheiten kommen wieder, weil wir nur die Folge, nicht aber die Ursache bekämpft haben.
Wenn wir mit unseren negativen Ängsten und Problemen, mit unseren täglichen Belastungen wie mit unseren persönlichen Schwierigkeiten wirklich fertig werden wollen, müssen wir uns diese zunächst einmal bewußt machen.
Das heißt: Wir müssen sie kennenlernen, uns mit ihnen auseinandersetzen; fragen, woher sie kommen.
Wir »verdrängen« Probleme, wenn wir sie nicht zur Kenntnis nehmen wollen, wenn sie uns lästig erscheinen und wenn wir eine Auseinandersetzung mit ihnen scheuen.
Erst wenn wir unsere eigenen Probleme richtig kennen und sie genau durchleuchten, erst wenn wir uns unseren Befürchtungen auch wirklich stellen und ihnen nicht davonlaufen, erst dann werden wir diese auch bewältigen können.

»Ich kann nicht« oder »Ich will nicht«?

Mit der Bewältigung unserer Ängste und Probleme ist es wie mit dem langen, fast endlos erscheinenden Fußmarsch bis nach Moskau: wir sehen die ganze, weite, riesengroß erscheinende Strecke vor uns, und jedes weitere Denken oder Handeln wird blockiert und gelähmt.
»Das schaffe ich nie!«
»Das kann ich nicht.«
Der riesengroße Berg, die unüberschaubare Mauer, der weite, kaum ausdenkbare Fußmarsch...
Wie soll ich das *können?*
Wenn ich gefragt würde, ob ich ein Haus für mich bauen *kann,* und bisher noch nie etwas mit Architekten, Baubehörden und Finanzierungen zu tun hatte, werde ich kaum — zumindest nicht spontan — eine positive Antwort darauf geben können.
Alles, was ich bisher noch nie selbst getan habe, oder alles, was bei bisherigen Versuchen nur schiefgelaufen ist, wird in mir immer zuerst Ängste auslösen, wenn ich gefragt werde — oder mich selbst frage —, ob ich *so etwas kann.*
Entweder habe ich ja den »Beweis« aus meinen »bisherigen schlechten Erfahrungen«. Oder aber mir fehlt jede Ahnung, weil ich so etwas bis heute noch nie gemacht habe.
So gibt es nur eine — für mich »günstig« erscheinende — Antwort: Das *kann* ich nicht.
In Wirklichkeit geht es aber gar nicht darum, ob Sie ein Haus bauen *können,* ob Sie Probleme abtragen, Ängste bewältigen *können,* sondern vielmehr darum, ob Sie das *wollen!*

Weil ein riesengroßer Fußmarsch natürlich mit großen Anstrengungen und vielleicht auch Gefahren verbunden ist, weil es bei einem Hausbau ohne Planen und Sparen, ohne Ärger und Sorgen nicht abgeht — und ein solcher natürlich auch nicht von heute auf morgen vollendet werden kann —, drängen sich in unserem Unterbewußtsein die *Bequemlichkeit* und auch die Angst nach vorne und signalisieren dem Gehirn, daß wir in unserem Innersten gar nicht bereit sind, also gar *nicht wollen*, diese noch unbekannten und ungewohnten Schwierigkeiten auf uns zu nehmen.

Aus diesem »Nichtwollen« unseres Unterbewußtseins macht unser Bewußtsein dann rasch die Schutzbehauptung »das kann ich nicht«, denn das ist die einfachste und leichteste Methode, uns Unbequemlichkeiten vom Hals zu halten.

Wenn ich etwas *nicht kann*, dann kann ich das eben nicht. Deswegen kann mir doch keiner Vorwürfe machen!

Ich kann höchstens — und das tut mir manchmal gut — Mitleid mit mir selbst bekommen: wie schlecht es ausgerechnet mir geht, wie viele Schwierigkeiten gerade ich habe...

Wenn mein eigenes Ich dagegen zugeben würde, daß ich es einfach *nicht will*, mich mit einer kniffligen Aufgabe zu beschäftigen, mich mit einer mühseligen Arbeit vertraut zu machen, dann könnte ich ja ein Faulpelz sein oder ein Drückeberger.

»Wollen täte ich schon«, heißt ein schöner Spruch, der oft als Ausrede gebraucht wird. In Wirklichkeit wollen wir nicht, weil uns die Aufgabe zu anstrengend oder zu lästig erscheint.

Wenn ich etwas *wirklich will*, mit allen meinen Kräften

und all meiner Sehnsucht wirklich etwas erreichen will, dann läßt sich auch in fast allen Fällen ein Weg finden! Wenn ich *wirklich* zum Beispiel ein Haus bauen *will*, dann werden sich auch all mein Denken und Wünschen, mein Handeln und Streben nach *diesem* für mich wichtigen Ziel ausrichten! Ich werde jede Mark für den Hausbau zurücklegen. Ich werde mir Informationen beschaffen, sei es durch Fachbücher oder Bekannte und Freunde, die bereits ein Haus gebaut haben.
Wegen eines Grundstücks werde ich die Immobilienanzeigen studieren und die Makler anrufen, mit Architekten über Kosten und Pläne verhandeln, mit Banken über Finanzierungen sprechen ...
Wenn ich *wirklich will!*
Weil wir aber in Wirklichkeit oft gar nicht richtig wollen, nicht mit allen Konsequenzen und Anstrengungen, sondern vielleicht nur »ein wenig« — so nach dem Motto: »Schwimmen möchte ich schon, nur mich nicht naß machen dabei« —, dann heißt die vordergründig von uns vorgeschobene, die wahren Gründe verbergen sollende Antwort immer: »Ich kann nicht.«
Das aber stimmt nicht!
Wenn ich *will, dann kann* ich auch.
»Ich *kann* nicht« — und dieser Satz ist von heute an sehr wichtig für unser ganzes weiteres Leben, für die Bewältigung unserer Schwierigkeiten und Probleme, für die Beseitigung unserer Sorgen und Ängste —, dieses »Ich kann nicht« heißt in Wirklichkeit: »Ich will nicht!«
Einen Satz wie »Ich kann das nicht«, »Das schaffe ich nie« sollten Sie so rasch wie möglich aus Ihrem Wortschatz streichen und statt dessen ehrlicher sagen: »Ich will nicht.«
Oder noch besser und deutlicher: Wenn Ihnen das »Ich

kann das nicht« wieder einmal über die Lippen kommt, sollten Sie sich sofort fragen, aus welchen Gründen Sie vor dieser Aufgabe kneifen wollen.
Warum bin ich in dieser Situation feige und versuche, mich zu drücken? Denn *nichts anderes* heißt in Wirklichkeit unser »Ich kann nicht«: »Ich will den auf mich zukommenden Problemen aus dem Wege gehen. Ich scheue mich vor den Anstrengungen.«
Wir werden dann sehr bald feststellen können, daß wir lange nicht mehr so mutlos allen Problemen gegenüberstehen wie bisher. Denn dieses »Ich will nicht« anstelle des »Ich kann nicht« wird uns herausfordern. Es wird uns zum Nachdenken bringen, wird unseren Ehrgeiz anstacheln.
»Ich will nicht?«
Das stimmt doch gar nicht: *»Wollen* möchte ich schon ...«

Wenn ich wirklich will

Wenn Sie sich das einmal richtig klargemacht haben, daß das »Ich kann nicht« in Wirklichkeit »Ich will nicht« heißt, und falls Sie sich dann auch jedesmal, wenn Ihnen das »Ich kann nicht« wieder herausgerutscht ist, ehrlich fragen: »Kann ich das wirklich nicht oder will ich mich nur drücken?«, dann werden Sie bald eine *wesentliche, positive* Veränderung in Ihrem Leben feststellen können.
Bei einer ehrlichen Fragestellung werden Sie nämlich immer sehr bald die Antwort finden, daß hinter dem an-

geblichen »Nichtkönnen« nur die Angst vor Unbequemlichkeiten und Anstrengungen steht, die Sie sich lieber ersparen möchten. Dann aber, wenn Ihnen das richtig klar zum Bewußtsein gekommen ist, werden Sie immer öfter — sei es von Ihrem Willen oder von Ihrem Ehrgeiz, von Ihren Wünschen oder von Ihren Sehnsüchten beeinflußt — auch die Antwort geben:
»Das will ich.«
»Ich *will* mit diesen Problemen fertig werden, auch wenn ich noch nicht weiß, wie.«
»Ich *will* diesen Ärger aus der Welt schaffen, auch wenn ich selbst eigentlich nicht daran schuld bin. Aber er belastet mich zu sehr ...«
»Ich *will* endlich einmal diese Angst aus meinem Leben wegbringen, koste es — an Anstrengungen —, was es wolle. Denn so ist das ja auch kein Leben mehr ...«
Wenn Sie *wirklich wollen,*
wenn Ihnen keine Anstrengung zuviel ist, sich von den Plagen Ihres Lebens zu befreien,
wenn Ihnen kein Weg zu lang ist, um den Ballast Ihrer Ängste und Sorgen abwerfen zu können,
wenn Sie mehr Freude über eine persönliche Leistung haben wollen als Freude am eigenen Bemitleiden,
wenn Sie lieber Erfolge sehen als Niederlagen,
wenn Sie lieber auch einmal etwas riskieren als apathisch in den Tag zu leben,
dann müssen Sie vor allem das eine Wort *»ich will«* in Ihren täglichen Wortschatz öfter aufnehmen!
»Ich will« wird Ihnen ein neuer Ansporn sein, und Sie werden mit Zuversicht statt mit Niedergeschlagenheit in den Tag gehen.
»Ich will« wird Ihnen neue Konzentration schenken, und Sie werden die Welt mit anderen Augen sehen.

»Ich will« wird Ihnen neue Erlebnisse und neue Freude in Ihren Alltag bringen.
»Ich will« wird auch bei Ihnen Berge von Ängsten und Problemen versetzen können.
Es kommt ausschließlich auf Sie an, was Sie in Zukunft denken und sagen:
»Das kann ich nie!«
oder lieber: »Das will ich erreichen!«

Wie Sie die schwierigsten Aufgaben bewältigen können

Ängste und Probleme entstehen im Leben vor allem immer dadurch, daß wir keine Wege zur Lösung unserer Aufgaben sehen. So wie wir bei den 1000 Meilen immer die ganze Strecke, diesen riesenlangen Weg auf einmal in seiner gesamten Länge mit allen seinen Schwierigkeiten und Gefahren vor uns sehen und nicht wie die Chinesen es gelernt haben, große Aufgaben in kleine Einzelschritte aufzuteilen.
Es ist nur natürlich, daß wir gleich abschalten oder Angst bekommen, wenn ein Berg von Problemen sich vor uns aufbaut, den wir in seiner ganzen Tragweite und Größe nicht überschauen können.
Wie viele Aufgaben warten oft täglich auf uns.
Was soll alles an einem einzigen Tag erledigt werden. Jeder drängt auf uns ein, jeder will nur etwas von uns. Wenn dieser Zeitpunkt wieder einmal in meinem Leben gekommen war, daß ich nicht mehr weiter wußte, keinen Anfang, keinen Weg und kein Ende mehr sah, dann

habe ich im Laufe der Zeit immer öfter zunächst einmal abgeschaltet.
Je größer die Schwierigkeiten, je zahlreicher und unübersehbarer die Aufgaben in unserem Leben werden, um so mehr brauchen wir Zeit zum Nachdenken!
Oder umgekehrt: Weil wir uns vor lauter Zeitdruck keine freie Minute mehr nehmen, über uns und über unser Leben nachzudenken, geraten wir immer leichter ins Rotieren. Wir verfallen ganz einfach zu oft deswegen in Unruhe, weil uns jeglicher Überblick zu schnell verlorengeht, weil wir kein Ziel und keinen Weg mehr sehen.
Sie werden eine — zunächst unglaubliche — Feststellung in Ihrem Leben sehr bald machen können: Je mehr Zeit Sie sich zum Nachdenken nehmen, statt sofort auf Ihre Arbeit loszustürzen, je mehr Zeit Sie sich nehmen, um Ihren Tagesplan erst einmal überschaubar zu machen, um so leichter und um so rascher werden Sie Ihre einzelnen Arbeiten erledigen können. Im 4. Hauptabschnitt werde ich darauf noch ausführlich eingehen.
Wir müssen unser Leben wieder überschaubarer machen. Nur dann können wir die Angst aus unserem Leben ausräumen und besser mit Schwierigkeiten fertig werden. Wir dürfen unsere vielen Aufgaben nicht wie eine einzige riesige Mauer vor uns sehen.
Hohe Mauern sind nie überschaubar. Wenn wir aber die Ruhe behalten und uns täglich die geringfügige Zeit nehmen, die einzelnen Aufgaben nach ihrer Dringlichkeit zu sortieren oder ein ganzes Problem in viele kleine Einzelprobleme zu zerlegen, dann erleben wir ein neues, froh machendes Lebens- und Arbeitsgefühl. Denn kleine Schritte, kleine Aufgaben können wir immer bewältigen. Auch wenn wir noch so sehr belastet sind.

Bleiben wir bei dem Beispiel Hausbau

Ein Haus bauen?
Das kann ich nie!
Was Sie aber können: sich hinsetzen, Papier und Kugelschreiber nehmen und mit dem Nachdenken anfangen, was Sie wohl alles tun müssen, wenn Sie ein Haus wirklich bauen *wollen.*
Was kostet so ein Haus?
Wie kann ich das Geld beschaffen?
Wo finde ich ein Grundstück?
Wer kann mir dabei helfen?
Nun haben Sie aus dem *Riesenberg* »Hausbau« schon einmal *vier kleinere* Berge geschaffen. Jetzt versuchen Sie, diese in *noch kleinere Hügel* zu verwandeln, noch mehr zu vereinfachen, indem Sie zum Beispiel die noch riesengroße Frage »Was kostet so ein Haus?« in weitere Teilfragen zerlegen:
Wie groß soll mein Haus werden?
Welche Ansprüche habe ich?
Welche davon will ich unbedingt verwirklichen, und auf welche könnte ich eventuell aus Kostengründen verzichten?
Wo erfahre ich etwas über die einzelnen Kosten?
Den Hügel »Wo erfahre ich etwas über die einzelnen Kosten?« tragen Sie weiter ab:
Ich muß etwas über Grundstückspreise erfahren.
Über Baupreise.
Erste Anhaltspunkte auf beide Fragen finden Sie zum Beispiel in Zeitungsangeboten oder durch Anfragen bei Baubetreuungsfirmen, Wohnbauunternehmen usw.
Nun folgt der nächste Schritt, und der ist jetzt schon

ganz klein geworden: Sie müssen Ihre Tageszeitung holen und die Anzeigen studieren!
Ist das ein übertriebenes Beispiel? Oder ist das nicht allein der Weg, mit dem wir unsere Probleme in den Griff bekommen können? Ein Weg, der jedem von uns möglich ist, auf dem wir uns bald zurechtfinden können. Ein Weg, der plötzlich nicht mehr schwer und riesengroß ist, sondern im Gegenteil in einfache Wegabschnitte zerlegt werden kann.
Und so wird — durch *Nachdenken,* durch *Überschaubarmachen,* durch *Zerlegen* in viele Einzelschritte — aus dem für Sie anfangs riesenhaften Problem »Hausbau« eine erste, einfache, leicht lösbare Aufgabe: Zeitungsanzeigen studieren.
Jetzt sagen Sie: »Ja, aber...«
Diese verflixten »Aber« verderben uns oft die ganze Stimmung. Sie machen uns müde und entschlußlos.
Alle »Aber« sind ähnlich lösbar wie die Frage »Was kostet so ein Haus?«
Nehmen wir eine »Aber«-Frage:
Die Kosten für den Hausbau festzustellen ist ja nicht mehr so schwer. Waren sie zuerst nicht auch unüberschaubar?
Aber woher soll ich das Geld dafür nehmen? Woher nehme ich das Geld?
Das ist sicher eine der Fragen, die uns im Leben am meisten beschäftigen und sehr oft Probleme verursachen, die Frage nach dem Geld.
Ich werde in diesem Buch an späterer Stelle noch näher darauf eingehen, wie wir notwendige Ansprüche finanzieren oder anderweitig befriedigen können. Bleiben wir jetzt bei der für unser Beispiel »Hausbau« so wichtigen Frage: Woher nehme ich das Geld?

Unsere erste Reaktion darauf wieder: Das schaffe ich nie. So viel Geld kann ich nicht zusammenbringen. Oder *will* ich nicht zusammenbringen, weil es mir zu große, ja riesengroße Anstrengungen abverlangt? Das wäre ein anderer Fall!
Aber: Das kann ich nie?
Lassen Sie es uns wieder ausprobieren.
Unsere neue, noch schwierigere Frage heißt also:
Woher nehmen wir das Geld?
Wir fangen wieder mit dem Nachdenken und Aufschreiben an:
Bei einer Bank erkundigen.
Bei einer Bausparkasse anfragen.
Mein Sparbuch nachschauen.
Prüfen, welche bisherigen Ausgaben ich einsparen kann. Nicht nur den Wegfall der bisherigen Miete berücksichtigen. Wenn ich eine so große Aufgabe in Angriff nehmen will, muß ich größere Anstrengungen unternehmen, als wenn ich nur den Einkauf für die nächste Woche plane.
Wieviel wert ist mir ein eigenes Haus?
Wieweit also würde ich bereit sein, auf bisherige Vergnügungen und zusätzliche Freuden zu verzichten und dadurch eingespartes Geld für die Ansparung eines Eigenkapitals verwenden?
Ich kürze hier ab, um Sie mit weiteren Details, die Sie selbst kennen und finden können, nicht zu langweilen. Am Ende Ihrer Überlegungen zu der so kritischen Frage »Woher nehme ich das Geld?« werden Sie wieder finden, daß auch hier die Lösung mit ganz kleinen einzelnen, leicht lösbaren und überhaupt nicht schwierigen Schritten anfängt:
Telefonbuch holen.

Eine Bausparkasse anrufen.
Um schriftliche Auskünfte oder um einen Vertreterbesuch bitten.
Aus dem riesengroßen Problem »Woher nehme ich das Geld?« wird der einfache, kleine Schritt: Telefonbuch holen und die Nummer einer Bausparkasse suchen.
Der nächste Schritt: anrufen.
Der übernächste: nochmals Papier und Kugelschreiber nehmen und eine Aufstellung der bisherigen Ersparnisse sowie eine Liste der möglichen Einsparungen erstellen!
Das klingt verblüffend einfach und unglaublich.
Versuchen Sie aber einmal selbst, eine Ihnen viel zu schwer erscheinende Aufgabe in viele kleine Einzelschritte aufzuteilen. Sie werden erstaunt sein, wie leicht und überschaubar auf einmal alles wird.
Aus den riesenlangen 1000 Meilen werden für Sie überschaubare Teilstrecken, vor denen Sie nicht mehr kapitulieren müssen.
Denn »Schritt für Schritt« werden Sie erfahren, daß es immer nur auf den *nächsten kleinen* Schritt ankommt und daß der jeweils nächste Schritt nie so schwer ist, daß Sie ihn nicht gehen könnten:
Der Schritt aus dem Bett heraus.
Der Schritt, Papier und Kugelschreiber zu holen.
Der Schritt, sich eine Übersicht zu verschaffen.
Der Schritt, einen Anfang zu machen.

Zuerst nachdenken, dann handeln

Sicher sind die Anforderungen, die heute an jeden einzelnen gestellt werden, viel größer als früher. Mit dem Leistungsdruck fängt es schon in der Schule an. Mütter werden oft überfordert, wenn es um die schulische Betreuung geht. Denn viele Hausfrauen sind noch »nebenbei« berufstätig.

Bei der Berufsarbeit wie im öffentlichen Leben gibt es immer mehr Vorschriften. Statt das Leben zu vereinfachen, statt wirklich »mehr Lebensqualität« zu ermöglichen, wird unser Leben durch immer neue Gesetze, durch noch mehr Bürokratie immer mehr eingeschränkt und belastet.

So ist es kein Wunder, wenn heute auch schon Kindergärtnerinnen von Hektik und Hausfrauen von Streß sprechen.

Stimmt das?

Oder ist das oft nur herbeigeredet?

An der Mehrbelastung besteht sicher kein Zweifel.

Oft aber scheint mir das Wort vom »vielen Streß« und der »Hektik« doch auch daher zu kommen, daß wir einfach zu leicht den Überblick verlieren, weil wir gar nicht mehr zum Nachdenken kommen.

Oder besser gesagt: weil wir uns zum Nachdenken keine Zeit mehr nehmen, weil wir glauben, wir können die vielen anstehenden Aufgaben nur dann erledigen, wenn wir uns möglichst rasch auf unsere Arbeit stürzen.

Wie sollen wir sonst denn alles »heute noch« schaffen?

Oft werden wir unsicher, ängstlich oder drehen gar durch, wenn wir unseren Arbeitsberg vor uns sehen.

»Das schaffe ich nie.«

Das ist ein geflügeltes Wort, das wir ebenso verwenden, wenn eine einzige riesengroße Aufgabe, wie zum Beispiel ein Hausbau, vor uns steht oder wenn wir viele Kleinigkeiten erledigen müssen, die in ihrer Vielzahl sich nicht mehr überschauen lassen.
Wir alle kennen solche Situationen: »Ich weiß nicht mehr, wo ich noch anfangen soll.«
Immer dann, wenn ich selbst einmal wieder nicht mehr durchschauen konnte, wenn ich nicht mehr weiterwußte, habe ich erst einmal mein Büro hermetisch abgeriegelt und mich für zehn oder zwanzig Minuten in die Stille zurückgezogen und nichts anderes mehr getan, als über meine jetzt vordringlichsten Aufgaben nachzudenken.
Ich weiß noch, wie sehr mich ein Bericht des großen Afrikaforschers Henry Stanley beeindruckt und beeinflußt hat, der einmal davon erzählt, daß seine Träger in einen Sitzstreik getreten waren und sich strikt geweigert hatten weiterzulaufen. Als alles Zureden nichts half, brauchte er viel Geduld, bis sie ihm endlich den wirklichen Grund ihrer Weigerung sagten:
»Wir sind jetzt schon seit vielen Tagen unterwegs. Gelaufen und gelaufen. Aber unsere Seelen sind nicht mitgekommen. Wir müssen warten, bis auch unsere Seelen bei uns sind...«
Schwarze Eingeborene in Afrika zeigen uns hoch modernisierten Europäern, wohin wir mit all unserer Betriebsamkeit kommen: Wir finden nicht mehr zum Nachdenken, nicht mehr zur Ruhe, weil wir uns dafür keine Zeit mehr nehmen.
Wieviel böse Besserwisserei hat sich heute unter uns eingeschlichen. Wohin Sie auch kommen, überall können Sie es erleben, daß Ihnen vorschnelle Antworten gege-

ben und unüberlegte Hilfen angeboten werden. Kaum haben wir nur einen Gedanken angesprochen, da weiß unser Gesprächspartner schon eine Lösung, obwohl wir noch gar nicht ausgeredet haben.

Im Schwarzwald habe ich den schönen Spruch gefunden: Vor dem Mundwerk erst das Hirnkastl in Gang setzen!

Und eine bedeutende Frau wie die große Theresia von Avila hat einmal gesagt: Wie viele Fehler geschehen in der Welt, weil man ohne Überlegung zu Werke geht.

Weil wir uns zur Besinnung, zum Überlegen, zum ruhigen Planen keine Zeit mehr nehmen, gerät all unser Handeln in Unordnung und unser Leben ständig unter neuen Druck:

Wir machen nicht mehr das zuerst, was unsere im Moment wirklich wichtigste Aufgabe wäre, sondern das, was uns im Moment als erstes in die Augen fällt, uns als erstes auf den Tisch kommt.

Wir beginnen also mit weit weniger wichtigen Aufgaben, versäumen daher die wirklich im Moment notwendigen Pflichten und finden dann am nächsten Tag als neue Belastung das vor, was wir gestern vergessen haben, was wir schon gestern hätten erledigen müssen.

Viel Unruhe und Aufregung entsteht in unserem Leben ganz allein dadurch, daß wir unsere einzelnen Arbeitsschritte oft nach Zufällen einrichten und nicht mit Überlegung planen. Wie oft werden wir zum Beispiel von Telefonanrufen nicht nur gestört, sondern auch von unserer Arbeit abgelenkt.

Unnötiger Streß und manche Unordnung in unserem Leben entstehen dadurch, daß wir immer sofort handeln, immer sofort tätig sein wollen. Weil wir glauben, daß Nachdenken und Planen vergeudete Zeit wären.

Unser Arbeitsbegriff von »fleißig« und »faul« hat sich ja dementsprechend entwickelt. Wehe, wenn man uns beim Nachdenken »erwischt«: »Sie haben wohl nichts anderes zu tun...«
Als »fleißig« gilt nur der Mitarbeiter, den man auch »in Aktion« sehen kann.
Wer in Wirklichkeit immer sofort drauflosarbeitet, ohne vorher über die Rangordnung der einzelnen Aufgaben nachzudenken, wird aus Überlastung und Sorgen, aus Ängsten und Depressionen nie herauskommen.
In einem der folgenden Kapitel werde ich noch manches zu diesem Thema sagen und Hilfestellungen anbieten. Jetzt aber möchte ich mich erst einer sehr wichtigen Quelle vieler Ängste zuwenden, die leicht mit Nachdenken verwechselt werden kann.

Nachdenken heißt nicht grübeln

Lassen Sie mich gleich ganz praktisch den Unterschied zwischen nachdenken und grübeln aufzeigen:
»Grübeln« ist immer dann akut, wenn ich nicht systematisch und sachlich — also Punkt für Punkt, Schritt für Schritt — eine Sache betrachte, sondern bei der ersten Gelegenheit, die mir als schwer erscheint, Angst bekomme und mich dann immer um diesen einen Punkt drehe.
»Grübeln« tue ich dann, wenn ich voller Ängstlichkeit bei einer einzigen Sache verweile; voller Ängstlichkeit, weil ich keine Hoffnung habe, diese mir schwierig erscheinende Angelegenheit lösen zu können.

»Grübeln« liegt vor allem dann vor, wenn ich mich nicht konkret mit einer Sache auseinandersetze, die mich *jetzt im Moment* angeht, sondern wenn ich vor allem in der Vergangenheit oder in der Zukunft herumgrüble. In der Vergangenheit, die ich sowieso nicht mehr ändern kann. Oder in der Zukunft, auf die ich heute noch gar keinen oder nur sehr wenig Einfluß habe.
Wenn ich »grüble«, dann drehe ich mich mit meinen Gedanken ständig im Kreis, ohne auch nur einen Schritt weiterzukommen.
Viele unserer Depressionen und Ängste, viele unserer Unruhen und Aufregungen entstehen dadurch, daß wir nie auf den Unterschied zwischen lähmendem, angstmachendem Grübeln und dem befreienden, tätig werden lassenden Nachdenken aufmerksam geworden sind.
Nachdenken in seiner befreienden, neue Wege aufzeigenden und neue Hoffnung gebenden Kraft vollziehe ich dann, wenn ich mir zunächst die richtige Umgebung zum Nachdenken ermögliche. Und wenn es nur fünf oder zehn Minuten sind: *Nachdenken kann ich nur, wenn ich ungestört bin.*
Nachdenken tue ich dann, wenn ich mir fest vornehme, daß ich »Schritt für Schritt« vorgehen und jedes »Im-Kreis-Drehen« vermeiden will. Am besten kann ich das, wenn ich mein Nachdenken gleichzeitig mit Kugelschreiber und Papier vollziehe und mir die einzelnen Probleme wie auch die einzelnen Schritte schriftlich vor Augen führe. Nehmen wir ein praktisches Beispiel: Wenn eine Hausfrau mit drei Kindern immer nur darüber nachgrübelt, ob sie ihre 300 Kilometer entfernt wohnende kranke Mutter besuchen oder nicht besuchen soll, wird sie lange grübeln können, beim Kochen wie beim Strümpfestopfen, beim Einkaufen wie beim Wäschewaschen; sie

wird kaum zu einem Ergebnis kommen. Denn natürlich gibt es Schwierigkeiten und Probleme bei einer solchen Reise: das Alleinlassen der Familie, was sagt der Mann dazu und vieles andere...

Wie sieht es aber aus, wenn sie einmal konkret in Ruhe darüber nachdenkt und eventuell sogar mit Kugelschreiber und Papier sich Klarheit über ihre Wünsche und Probleme verschafft:

Was sagt der Mann dazu? »Mit Karl in Ruhe besprechen.«

Wer versorgt die Kinder? »Wecken und Frühstückmachen könnte ja Karl.«

Mittag- und Abendessen? »Abends kalte Platte ist kein Problem. Ob mittags Frau Müller für drei Tage aushelfen würde? Mit Frau Müller sprechen.«

Das Geld für die Reise? »Einen Teil könnte ich beim Haushaltsgeld einsparen. Den anderen Teil vom Sparbuch nehmen. Vielleicht gibt Karl auch etwas dazu?«

Statt also ständig darüber nachzugrübeln, ob denn der Karl — mein Mann — damit einverstanden ist oder nicht, muß ich einfach zu dem Problemschritt kommen: mit Karl in Ruhe besprechen.

Grübeln oder nachdenken: das eine Ursprung vieler Depressionen und Ängste, das andere Quelle neuer Hoffnung und neuen Handelns.

Weil der Unterschied so wichtig ist, sei hier der wichtigste Schritt vom Grübeln zum Nachdenken noch einmal wiederholt: Nicht bei jeder Gelegenheit, beim Autofahren wie beim Strümpfestopfen, beim Abwasch wie beim Einkauf, über ein Problem nachsinnen: das ist grübeln, sondern sich in eine stille Ecke zurückziehen — am besten mit Bleistift und Papier — und Schritt für Schritt meines Problems durchdenken und Schritt für Schritt eine Lösung suchen und notieren.

»Richtig« oder »falsch«?

Bei meiner Beratungstätigkeit stelle ich immer wieder fest, daß viele Menschen oft nur deswegen unter Depressionen und Ängsten leiden, weil ihnen noch niemand die große Gefährlichkeit des Grübelns und den Weg »vom Grübeln zum Nachdenken« wie auch den nächsten Schritt »vom Nachdenken zum Handeln« aufgezeigt hat.

Nochmals: grübeln heißt: sich im Kreise drehen; heißt: zu keiner Entscheidung kommen; heißt: alles immer wieder neu in Frage stellen.

Wo alles immer wieder neu in Frage gestellt wird, wo wir nie zu einer klaren Antwort, einer klaren Entscheidung kommen, bereiten wir natürlich den besten Nährboden für Niedergeschlagenheit, Ängstlichkeit, Hoffnungslosigkeit.

Eine unserer Hauptängste ist die ständige Frage: Mache ich das auch richtig? Ich will doch nichts falsch machen. Was soll ich denn tun, daß ich keine Fehler mache?

Darauf gibt es zwei überraschende Antworten. Zunächst die erste: Wenn Sie grundsätzlich Angst davor haben, Fehler zu machen, wenn Sie Fehler überhaupt vermeiden wollen, dann müssen Sie am besten im Bett bleiben und nie mehr etwas unternehmen. Denn je weniger Sie tun, um so weniger Fehler werden Ihnen natürlich unterlaufen.

Das heißt: ich muß den Mut haben, auch einmal einen Fehler zu riskieren, auch einmal etwas »falsch« zu machen. Denn nur dann kann ich Positives erreichen, Erfolg haben, wenn ich mich nicht scheue, auch ein Risiko einzugehen.

Nun aber die zweite überraschende Antwort: »Richtig« oder »falsch« gibt es eigentlich gar nicht oder nur sehr selten im persönlichen Leben!
Alles, was wir im Leben unternehmen, ist immer sehr relativ.
Ob Sie Ihre Mutter besuchen oder nicht besuchen, das ist in einem Fall nicht »richtig« und im anderen Fall nicht »falsch«.
Ob Sie Ihre Urlaubsreise nach Italien oder Finnland unternehmen, ob Sie Ihre Kinder auf die Universität schikken oder ein Handwerk lernen lassen, ob Sie lieber den Max oder den Ernst heiraten sollen — alles das kann nie »richtig« oder »falsch« sein.
Für jede dieser Entscheidungen wird es positive wie negative Argumente geben.
Während Sie in Italien vielleicht mehr Sonnenschein finden, kann Ihnen Finnland mehr Ruhe und Einsamkeit bieten.
Wenn Sie in Italien vielleicht mehr mit Autodieben rechnen müssen, haben Sie in Finnland mehr Sprachschwierigkeiten und eine längere Anfahrt.
So gibt es praktisch für *jedes* Problem, vor dessen Entscheidung Sie im Leben gestellt werden, eine Fülle von Punkten, die für die eine Entscheidung, und eine andere Anzahl, die für die entgegengesetzte Entscheidung sprechen.
Diese Ausgangspunkte werden bei jedem Menschen immer wieder anders sein. Wenn für den einen ein Urlaub in Italien mehr Vorteile bietet, wird ein anderer in Finnland mehr Freude und Erholung finden.
Daher sollten wir die nur zu lähmendem Grübeln führende Frage »richtig oder falsch« sehr bald vergessen und statt dessen *durch Nachdenken* herausfinden, für welche

Problemlösung die meisten positiven und die wenigsten negativen Gründe sprechen.
Bei schwierigen Problemen verschaffe ich mir immer schriftlich eine Übersicht.
Linke Hälfte eines Blattes Papier »+«, das heißt: Was spricht alles dafür?
Rechte Hälfte »—«, das heißt: Was spricht alles dagegen?
Oder in die linke Spalte: Was spricht alles zum Beispiel für das Wegfahren?, und in die rechte Spalte: Was spricht alles für das Zu-Haus-Bleiben?
Bei ganz schwierigen Problemen sollten Sie sich auch nicht scheuen, mit einem guten Freund oder Berater — warum nicht auch mit Ihrem Ehepartner? — die von Ihnen bereits gefundenen Punkte durchzusprechen und sich für die noch unklaren einen Rat geben zu lassen.
Dann *können* Sie — so vorbereitet — auch eine gute Entscheidung herbeiführen, weil Sie in Ruhe alles »Für« und »Gegen« miteinander abgewogen haben.
Auch hier erfahren Sie wieder die große Macht der kleinen Schritte: Indem Sie sorgfältig Schritt für Schritt für Ihre Problemlösung zusammentragen, können Sie aufgrund dieses Wissensstandes eine Entscheidung herbeiführen, die Ihnen nicht mehr schwerfällt, geschweige denn noch Ängste oder Lähmungen verursacht.
Wenn Sie so vorgehen, brauchen Sie auch nicht mehr über die Vergangenheit nachzugrübeln, ob Sie in einem Fall »richtig« oder im anderen »falsch« gehandelt haben. »Richtig« oder »falsch« gibt es vielleicht in der Mathematik, aber nicht bei Ihren eigenen Entscheidungen im Leben. Wenn Sie eine Entscheidung nach bestem Wissen und Gewissen herbeigeführt haben, dann können und müssen Sie auch in Zukunft dazu stehen, auch wenn Sie später negative Begleiterscheinungen entdecken. Es gibt

im Leben keine Lösungen, die nur und ausschließlich allein positive Seiten hätten.
Wenn Sie zum Beispiel nach gründlicher Überlegung sich entschlossen haben, Ihren Arbeitsplatz zu wechseln, dann müssen Sie auch später zu dieser Entscheidung stehen. Auch dann, wenn Ihnen manches andere am neuen Arbeitsplatz nicht gefällt und manche Erinnerung an »früher« verlockende Gedanken hervorruft. Sie hatten es sich ja seinerzeit nicht leicht gemacht mit Ihrer Wahl. Sie hatten alles in Ruhe abgewogen und sich dann für den Wechsel aus guten Gründen entschieden. Nun können und müssen Sie auch zu den Nachteilen stehen, denn diese hatten Sie ja bewußt bei Ihren Überlegungen zugunsten anderer Verbesserungen in Kauf genommen.
Je gründlicher Sie Ihre Entscheidungen vorbereiten, um so leichter können Sie auch in der Zukunft dazu stehen. Denn Sie haben sich ja *vorher* Ihre nun einmal getroffene Entscheidung gründlich überlegt.

Die Vergangenheit ist vorbei

Wenn Sie mit sorgfältiger Überlegung, wie im letzten Kapitel beschrieben, Ihre wichtigen Entscheidungen herbeiführen, dann können Sie sich auch gegenüber einer anderen Angst freimachen, die oft noch lähmender auf uns drückt als die Frage nach dem »richtig oder falsch«. Es ist die Frage nach unserem Handeln in der Vergangenheit.
Das ständige Grübeln über »Fehler«, die Sie in der Ver-

gangenheit gemacht oder auch nicht gemacht haben, bringt Sie nicht weiter.

»War das richtig, oder hätte ich nicht doch anders handeln sollen?«

»Warum nur habe ich mich damals so gehenlassen?«

»Wenn ich damals mich nicht so rasch entschieden hätte ...«

Wenn ...

Warum ...

Wieso ...

Sie kennen sicher viele solcher Situationen, die Sie wochen-, ja monatelang beschäftigt haben oder noch beschäftigen.

»Hätte ich nur nicht ...«

Denken Sie einmal in Ruhe darüber nach: Hat Sie jemals das Grübeln über solche Fragen weitergebracht? Haben Sie Konsequenzen daraus gezogen? Neue Aktivitäten dadurch entwickelt?

Oder hat es Sie nicht noch mehr verunsichert und passiv gemacht, weil Sie sich keine klaren Antworten auf eine der quälenden Fragen geben konnten?

Ob Sie in der Vergangenheit etwas »richtig« oder »falsch« gemacht haben, wollen Sie es wirklich ergründen können?

Und wenn Sie — wie jeder Mensch — klare, deutliche Fehlhandlungen irgendwann einmal vollzogen haben: durch Grübeln oder durch Ärgern darüber können Sie nichts mehr ändern, nichts mehr verbessern, nichts mehr aus der Welt schaffen.

Das, was wir gestern, vorgestern oder vor Jahren »falsch« gemacht haben, ist unwiderruflich vorbei und gehört der Vergangenheit an. Wir können allein aus der Erfahrung lernen für unser *heutiges* Handeln.

Heute können wir uns besser anstrengen, um ähnliche Fehlentscheidungen nicht mehr zu wiederholen.
Allein heute können wir durch aktives, positives *Handeln* — nicht aber durch Grübeln — dazu beitragen, daß uns in Zukunft weniger solche lähmenden Fragen bedrängen.
Wenn ich den Eindruck habe, daß ich in der Vergangenheit manchmal zu rasch gehandelt oder zu rasch geredet habe: *heute* kann ich das besser machen, indem ich *zuerst* über meinen nächsten Schritt *nachdenke* und mich dann erst äußere, dann erst handle.
Heute — und *nur für heute* — kann ich bessere Entscheidungen herbeiführen, indem ich mich *jetzt* besser konzentriere, *jetzt* besser vorbereite, *jetzt* mir mehr Gedanken mache zur Lösung meiner Probleme.
Alles Grübeln über gestern und letztes Jahr *bringt nichts mehr.*
Geschehen ist geschehen.
Vorbei ist vorbei.
Alles heutige Grübeln über die Vergangenheit bringt nur eines: *es lenkt mich ab* von meinen heutigen Aufgaben. Es macht mich *heute erneut* unsicher, unkonzentriert, ratlos.

Die Angst vor der Zukunft

Noch hilfloser und ängstlicher macht uns zumeist die Angst vor der Zukunft.
Das ist ja auch kein Wunder.
Wir können nicht in die Zukunft schauen.
Wir wissen nur, daß das Leben nicht leicht ist.

Wir kennen seine Schwierigkeiten und seine Gefahren. Wie sollen wir damit fertig werden?
Verständlicherweise tritt diese Angst vor der Zukunft besonders stark in Erscheinung, wenn uns wesentliche Veränderungen bevorstehen. Oder wenn wir in Zukunft ohne einen wichtigen Begleiter, Berater oder sogar ohne den bisherigen Weggefährten leben müssen. Das sind immer lebenseinschneidende Vorgänge, zu deren Bewältigung wir eine lange Zeit brauchen.
Aber lassen Sie mich hier zunächst von der allgemeinen, weit verbreiteten Angst vor der Zukunft sprechen, für die es keine solchen klaren Anhaltspunkte — wie zum Beispiel den Verlust eines lieben Menschen — gibt.
Wie sieht es denn mit unseren allgemeinen Befürchtungen aus?
Da steht uns vielleicht ein Berufswechsel bevor.
Oder ein Wohnungsumzug.
Der Weggang eines unserer Kinder.
Oder die Furcht um den Arbeitsplatz.
Die Sorge um unser gespartes Geld.
Oder um das so oft nicht vorhandene: Womit — wie soll ich nur im nächsten Jahr ...?
Oder auch nur die Frage nach dem Urlaub: Wohin — wann fahren wir das nächste Mal?
Fragen über Fragen.
Wie kann ich damit fertig werden?
Auch hier gilt es wieder, zunächst eine wichtige Unterscheidung herbeizuführen: Welche meiner Fragen und Zukunftsprobleme sind wirklich berechtigt, und welche sind nur allgemeine, vage Befürchtungen?
Berechtigt zum Beispiel ist sicher die Frage nach dem Urlaub, wenn wir nicht wissen, wann oder wohin wir verreisen sollen.

Da hilft es aber nicht, daß wir uns deswegen durcheinanderbringen lassen. Auch hier können wir jede berechtigte Angst vor der Zukunft durch Auflösung des Problems in kleine Einzelschritte ausräumen.
Jede *berechtigte* Angst.
»Berechtigt« ist eine Angst dann, wenn wir *konkrete* Anhaltspunkte dafür haben.
»Konkret« im Beispiel Urlaub müssen wir zunächst innerhalb der Familie und dann bei unserem Arbeitgeber die Terminfrage klären.
Die Frage nach dem »Wohin« der Urlaubsreise klären wir nicht durch Grübeln oder Warten auf »gebratene Tauben«. Da müssen wir uns Informationen besorgen: beim Reisebüro, durch Anschreiben auf Anzeigen, durch Nachfrage bei Bekannten oder Berufskollegen, eventuell auch durch Rückfragen bei unserem Hausarzt.
So gibt es viele *berechtigte* Fragen, die uns die Zukunft stellt, und diese können wir Schritt für Schritt, zuerst durch Nachdenken und dann durch Handeln, in den Griff bekommen.
Anders ist es mit unseren unberechtigten Ängsten, den Befürchtungen.
Wir fürchten uns vor schweren Krankheiten.
Wir haben Angst um den Arbeitsplatz.
Wir haben Sorge um unsere Kinder.
»Wie soll das alles noch in der Zukunft werden?«
Lassen Sie mich eine Gegenfrage stellen: »Haben Sie jemals mit einer dieser Fragen in Ihrem Leben etwas anderes als Unsicherheit, Ratlosigkeit oder gar Lähmung erreicht?«
Je mehr wir unberechtigte Ängste vor der Zukunft haben — unberechtigt deswegen, weil wir nur etwas Nega-

tives ahnen, aber nie sicher wissen —, je mehr wir uns solchen Ängsten hingeben, um so mehr werden wir von unserem eigenen Alltag, von unseren *heutigen* Aufgaben und Pflichten, aber auch von unseren Freuden und Erfolgen abgelenkt. Ja wir lassen uns *heute* das Leben versauern, Freuden verderben und Erfolge verhindern, weil wir mit unseren Gedanken nicht *hier und jetzt* bei unserem heutigen Leben sind, sondern irgendwo in der Zukunft verweilen.
In einer Zukunft, von der wir alle *noch nichts* wissen, höchstens das eine, das Wesentliche:
daß wir die Zukunft *heute* vorbereiten müssen.
Daß wir nur dann eine erfolgreiche Zukunft gestalten können, wenn wir die *heutigen* Aufgaben mit Sorgfalt und Gewissenhaftigkeit erledigen und nicht vor den Aufgaben von morgen oder übermorgen Angst haben.
Wir müssen immer nur den *nächsten* kleinen Schritt tun, nicht schon den über- und überübernächsten heute tun wollen.
Heute dürfen wir Freuden und Erfolge erleben.
Die Erfolge in den uns für *heute* aufgetragenen Schritten.
Die Freude an den *heute* gelungenen Erfolgen.
Dies erreichen wir aber nur, wenn wir uns voll und ganz um unser *Heute* kümmern und nicht über gestern oder morgen nachgrübeln.
Je mehr ich heute meine Schritte richtig plane und so gut ausführe, wie es in meinen Kräften steht, um so weniger muß ich Angst vor der Zukunft haben.

Wie gewinne ich mehr Sicherheit und Selbstvertrauen?

Warum sind wir oft unsicher und ohne Selbstvertrauen?

Bei all meinen Beratungsgesprächen kristallisiert sich immer einer der folgenden Punkte als besonderer Auslösungsfaktor für Unsicherheit und mangelndes Selbstvertrauen heraus:

Wir grübeln viel und drehen uns ständig im Kreis. Wir finden nicht den ersten kleinen Schritt heraus aus dem Teufelskreis des Grübelns.

Wir trauen uns etwas nicht zu, weil wir noch keine Erfahrung mit der Bewältigung eines bestimmten Problems gesammelt haben. Anstatt einen Anfang zu machen, lassen wir uns lähmen von der Vorstellung: »Das kann ich ja doch nicht.«

Wir wagen keinen Anfang, weil wir fälschlicherweise annehmen, dazu gehörte sehr viel Mut oder sehr viel Energie, die wir angeblich nicht hätten.

Wir schauen zu sehr auf die Menschen in unserer Umgebung. Wir richten uns zu viel nach deren Meinung, haben Angst, uns zu »blamieren«. Wir glauben, daß andere tüchtiger oder »gescheiter« als wir seien. Und schon sind wir wieder beim »Das kann ich nicht«.

Das aber stimmt nicht!

Auch Sie können mehr Sicherheit im Leben finden und mehr Selbstvertrauen bekommen. Sie müssen nur auch hier den Weg der kleinen Schritte gehen.

Der Schritt heraus

Wenn ich hier noch einmal das Thema »Grübeln« anspreche, dann vor allem deswegen, weil es so weit verbreitet ist und weil es uns mehr lähmt und mehr verunsichert als manche andere Fehlhaltung in unserem Leben.

»Unsicher« heißt doch in seiner ursprünglichen Bedeutung: »Ich weiß nicht, wie ich handeln soll«; »ich weiß nicht, wie ich mich entscheiden soll«; »ich habe Angst, etwas zu tun.«

Anstatt mir Klarheit zu verschaffen und Entscheidungshilfen zu suchen, bleibe ich im Grübeln hängen, drehe mich immer wieder mit den gleichen Fragen und den gleichen Ängsten im Kreis herum.

Wie aber kann ich hier herauskommen?

Doch nur, wenn ich mich befrage: »Welchen *ersten Schritt* kann ich *jetzt* tun?«

»Wie kann ich *jetzt* einen Anfang machen?«

Wir scheitern so oft bei unseren Versuchen, einen ersten Schritt zu finden, weil wir vielfach glauben, daß nur eine entscheidende große Tat uns helfen, uns aus unserer mißlichen Situation herausführen könnte.

Und weil wir uns eine große Entscheidung nicht zutrauen, weil wir damit schon so oft gescheitert sind, werden wir mut- und hilflos.

Dabei besteht auch hier das ganze Geheimnis darin, daß wir nur dann zu mehr Sicherheit und mehr Selbstvertrauen kommen, wenn wir uns in kleinen Schritten darin einüben.

Kleine Schritte zu machen heißt aber auch, diese kleinen Schritte zu kennen. Und die finde ich nicht, indem ich ständig weitergrübele, ständig in meiner Angst beharre, sondern indem ich versuche, mir Klarheit zu verschaffen.

Klarheit verschaffen

Unter »Klarheit verschaffen« verstehe ich nicht, darüber nachzudenken, was ich kann und was ich nicht kann — dann bleibe ich im Teufelskreis des Nachgrübelns —, sondern indem ich mich einfach und schlicht frage: Was ist eigentlich mein Problem?
Wie kann ich es aufteilen in kleine Einzellösungen?
Welchen ersten Schritt kann ich tun?
Nicht die Probleme an sich sind unsere größte Schwierigkeit, sondern das richtige Hinterfragen, das Ordnen, das Überschaubarmachen.
Schon Graham Greene hat darauf hingewiesen, wie merkwürdig wir Menschen seien, daß wir über die wichtigsten Dinge im Leben so wenig nachdenken.
Ich möchte hinzufügen: daß wir zuwenig nachdenken mit Papier und Bleistift in der Hand.
Die Menschen, die zum Grübeln neigen, werden erst dann richtig zum Nachdenken und vom Nachdenken zum Handeln kommen, wenn sie sich ihre Probleme schwarz auf weiß sichtbar machen.
Was ich mir schriftlich erarbeitet habe, darüber muß ich nicht mehr weitergrübeln. Das liegt jetzt ja sichtbar vor mir.
Dann kann ich mir auch ein richtiges Urteil bilden, wenn ich alle positiven wie alle negativen Gründe, die für oder

gegen eine bestimmte Entscheidung sprechen, in Ruhe abgewogen und überlegt habe.
Es gibt ja kaum eine Lösung, die nur Vorteile hätte. Irgendwelche Nachteile muß ich bei menschlichen Lösungen immer in Kauf nehmen.
Denken Sie nur an Ihre Urlaubsentscheidung, an die Wahl eines neuen Arbeitsplatzes oder den Umzug in eine neue Wohnung. Nachteile hat auch der neue Arbeitsplatz, die neue Wohnung, der gewählte Urlaubsort. Es geht nur darum, daß ich *vorher* alles in Ruhe überlegt habe. Dann brauche ich auch *nachher* wegen der negativen Begleiterscheinungen mich nicht mehr verunsichern lassen. Die habe ich ja vorher schon konkret mit in Kauf genommen, weil insgesamt die *dafür* sprechenden Punkte *weit überwogen* haben.
Zu solchen klaren Entscheidungen aber komme ich nur durch Nachdenken, nicht durch Grübeln.
Ich muß meine zur Entscheidung stehenden Fragen und die dahinter stehenden Probleme mir deutlich sichtbar machen. Am besten schwarz auf weiß, mit Bleistift und Papier. Dann kann ich in aller Ruhe und Klarheit den ersten Schritt suchen und eine Entscheidung herbeiführen.
Wenn ich vor mir sehe, wie viele Gründe z.B. für einen neuen und wie wenige für den alten Arbeitsplatz sprechen, dann fällt es mir nicht mehr schwer, meine Entscheidung zu treffen.
Dann kann ich auch negative Begleiterscheinungen, die eine Veränderung mit sich bringt, einkalkulieren und in Zukunft dazu bewußt ja sagen.
Immer geht es nur darum: ich muß bei mir selbst Klarheit schaffen für das, was ich wirklich will. Dann fällt es mir nicht schwer, einen neuen Anfang zu wagen.

Einen Anfang wagen

Wie oft träumen wir von großen Taten, was möchten wir alles unternehmen:
im sozialen Bereich: den Verhungernden in der Dritten Welt helfen — und sehen nicht die seelische Not unserer eigenen Eltern oder Kinder;
im Beruf: einmal eine so richtig große Erfolgsleistung vollbringen — und vergessen dabei die nächstliegende Terminarbeit;
im privaten Leben: mit unserer Familie einmal eine ganz tolle Urlaubsreise unternehmen — und unsere Entspannung am Abend besteht aus aufregenden Krimis oder unnötigem Streit um Kleinigkeiten.
Ja, im Träumen von großen Unternehmungen sind wir manchmal ganz groß. Für unsere nächstliegenden Aufgaben aber finden wir oft keinen Anfang.
Weil sie uns zu schwer erscheinen.
Weil wir uns müde fühlen.
Weil wir Angst vor dem Anfang haben.
Denn da gibt es ja auch ein Sprichwort, das heißt: »Aller Anfang ist schwer.«
Und das haben wir gründlich mißverstanden.
Denn nicht der Anfang an sich ist schwer, sondern die Angst vor dem Anfang lähmt uns.
Nicht der erste Schritt ist schwer, wenn wir ihn richtig nach unseren Kräften bemessen, sondern die Angst vor dem Anfang, den wir *zu groß* bemessen, macht uns unsicher.
Je vorsichtiger wir den ersten Schritt wählen, um so leichter und entspannter können wir einen Anfang wagen.

Je kleiner wir unsere einzelnen Schritte bestimmen, um so öfter haben wir ein Erfolgserlebnis.
Um so öfter bekommen wir neuen Ansporn, auch die nächsten Schritte in Angriff zu nehmen; die letzten waren ja gar nicht schwer.
Je mehr wir unsere einzelnen Schritte aufteilen — und uns dann an die Arbeit machen, einen neuen Anfang wagen —, um so leichter gewinnen wir Sicherheit und Selbstvertrauen in unserem Leben.
Wir haben es beim Hausbau gesehen. Die riesengroße Aufgabe läßt sich zerlegen bis zu dem ersten winzig kleinen Schritt: ein Telefonbuch holen und eine Telefonnummer heraussuchen.
Wenn Sie diesen Schritt getan haben, werden Sie auch keine große Schwierigkeit mehr haben, die Bausparkasse anzurufen, um sich Informationsmaterial schicken zu lassen.
Wir müssen nur einen Anfang machen. Und den ersten Schritt nicht zu groß bemessen. Dann sind wir bald mittendrin im Lösen unseres Problems, und je mehr Schritte uns schon gelungen sind, um so mehr Spaß bekommen wir daran, uns auch noch an den nächsten und übernächsten Schritt zu wagen.

Was riskiere ich eigentlich?

Oft fällt uns ein Anfang deswegen sehr schwer, weil sich uns eine Aufgabe zum erstenmal stellt. Weil wir eine Tätigkeit übernehmen sollen, die uns bisher ungewohnt war.

»Was der Bauer nicht kennt...« Auf uns angewandt sagen wir:
»Was wir noch nie getan haben, das können wir auch nicht.«
Warum eigentlich?
Nun, dafür gibt es verschiedene Gründe:
Zu vielen Arbeiten braucht man wirklich eine entsprechende Erfahrung, eine Einführung oder gar eine Ausbildung.
Aber hier geht es nicht darum, daß eine Köchin einen Automotor reparieren oder ein Maschinenbauingenieur einen Pullover stricken soll.
Hier geht es um die vielen kleinen Vorgänge im Leben, bei denen wir uns hilflos fühlen oder Angst in uns aufsteigt:
Wenn wir zum erstenmal in eine ungewohnte Gesellschaft kommen.
Wenn wir mit jemand, der uns gegenüber »höhergestellt« ist, ins Gespräch kommen wollen.
Wenn wir uns bei einer neuen Firma bewerben.
Immer oder meistens sind es Dinge, die *zum erstenmal* auf uns zukommen. Und weil einem beim erstenmal natürlich immer die Erfahrung fehlt, haben wir wegen mangelnder Übung wenig oder gar kein Selbstvertrauen zu uns.
Viele Chancen in unserem Leben lassen wir so ungenutzt. Oft versäumen wir Begegnungen mit Personen, die für uns wichtig wären, nur weil wir nicht den Mut haben, einen ersten Schritt auf den anderen hin zu machen.
Wenn wir nie den Mut haben, einen ersten Schritt zu unternehmen, dann werden wir auch nie Erfahrungen sammeln können.

Dabei fällt uns jeder Anfang leichter, wenn wir uns in aller Ruhe konkret überlegen, was wir denn überhaupt riskieren, falls uns solch ein Anfang »danebengehen« sollte.

Was riskieren wir? Im einen Fall, wo wir uns nicht ein Herz nehmen, wo wir aus lauter Verzagtheit nicht einen Anfang wagen, riskieren wir sehr viel:

Wir versäumen neue wertvolle Erfahrungen.

Uns entgehen wichtige menschliche Beziehungen.

Unser Leben bleibt ärmer.

Wir werden noch ängstlicher, weil wir wieder einmal keinen Mut hatten.

Im anderen Fall? Ich muß an eine lange zurückliegende Begebenheit denken, weil sie mir für dieses Kapitel so beispielhaft scheint:

Da hatte mir eine junge Dame ein Kompliment machen wollen mit der Bemerkung, daß ich doch sehr mutig sei.

Wieso mutig? Was war geschehen?

Zu Beginn eines Tanzabends im Sanatorium sollte eine Frau nach vorne auf die Tanzfläche gehen zu einem kleinen Spiel. Niemand meldete sich...

Dann eben ein Mann. Wiederum Schweigen. Da ging ich einfach vor...

Dieses einfache Mitspielen, diese wenigen Schritte nach vorn zu gehen, sollte mutig sein? Was hatte ich denn schon riskiert?

So gibt es viele Gelegenheiten im Leben, wo es nur darauf ankommt, sich einmal zu überwinden und einen ersten Schritt zu tun.

Wenn ich zum Beispiel noch nie einen Regierungspräsidenten in meinem Leben angesprochen habe — Regierungspräsidenten können reizende Menschen sein! —, dann kann ich mich ja bei einem Bürgermeister oder

Landrat einüben. Wenn ich auch das noch nie fertiggebracht habe, dann fange ich mit dem Lernen eben bei einem Pfarrer oder Beamten aus der Gemeinde an.
Wenn ich dabei irgend etwas falsch mache, was riskiere ich schon?
Wenn mir der Schritt aber gelingt, bin ich um eine neue Erfahrung reicher, erlebe ich einen Erfolg, der mir neue Freude und neuen Auftrieb schenkt.
Bevor Sie sich wieder einmal etwas nicht zutrauen oder unsicher sind, fragen Sie sich doch einfach: Was riskiere ich eigentlich dabei?
Es wird im negativen Fall immer sehr wenig sein im Verhältnis zu dem, was Sie gewinnen können, wenn Ihnen ein neuer kleiner Schritt gelingt...

Probieren kostet nichts!

Meine besten geschäftlichen Erfolge im Leben habe ich erzielt, weil ich mir immer zum Motto machte: »Probieren kostet nichts.«
Einmal kam ich auf die Idee, ein Buch mit Professor Carlo Schmid herauszubringen.
Natürlich kannte ich ihn nicht persönlich und hatte zur damaligen Zeit auch noch keine große Erfahrung im Umgang mit »hohen Tieren«.
Hätte ich deswegen kapitulieren sollen?
»Probieren kostet nichts« — außer einigen wenigen kleinen Schritten, einigen Briefen und Telefonanrufen —, und nach drei Monaten stand ich durch die Vermittlung eines Bundestagsabgeordneten im Ministerbüro.

Carlo Schmid aber — er war seinerzeit gerade Bundesratsminister — in seiner ganzen leiblichen und geistigen Größe mir gegenüber.
Natürlich ist mir da im ersten Augenblick auch das Herz in die Hose gerutscht. Aber nun war ich da. Sollte ich jetzt davonlaufen?
So gab ich mir einen Stoß, machte meinen Mund auf, und es ergab sich eines der schönsten Gespräche in meinem Leben. Über das gemeinsame Buch wurden wir uns bald einig.
Probieren kostet nichts...
Da hatte ein italienischer Geschäftsmann ein Rundschreiben an über 1200 Firmen in Deutschland geschickt. Ich habe darauf geantwortet, bin sofort nach Florenz gefahren, und obwohl ich damals noch einer der Kleinsten in der Branche war, bekam ich den Lizenzvertrag. Es entstand eine zwanzigjährige Zusammenarbeit, die für den Aufbau meines damaligen Betriebes von großer Bedeutung war.
Hätte ich nicht den Mut gehabt, die Idee mit Carlo Schmid weiterzuverfolgen oder als erster sofort nach Florenz zu fahren, mir wären wichtige Erfolge versagt geblieben. Was aber hatte ich schon riskiert?
Im einen Fall einige Telefongespräche. In dem anderen Fall Zeitaufwand und Kosten für die Fahrt nach Florenz. Beide »Risiken« aber waren gering im Verhältnis zu den erreichbaren Erfolgen.
Das gilt auch für unser privates Leben, sei es, daß wir zum erstenmal in eine ungewohnte Gesellschaft kommen und jemand kennenlernen wollen oder daß wir eine Sache bearbeiten müssen, die wir bisher »noch nie« gemacht haben:
Solange wir etwas noch nicht wirklich ausprobiert ha-

ben, dürfen wir uns nicht entmutigen lassen oder gar behaupten: »Das kann ich ja doch nicht!«
Bleiben wir bei der »ungewohnten« Gesellschaft.
Viele sind uns fremd.
Wir fühlen uns unsicher.
Warum eigentlich?
Doch nur, weil es für uns noch neu und ungewohnt ist, auf unbekannte Menschen zuzugehen und von uns aus einen ersten Schritt zu unternehmen.
Dabei sieht es in vielen anderen Menschen ähnlich aus. Sie möchten so gerne wie wir auch einmal andere Menschen kennenlernen. Aber sie trauen sich eben auch nicht...
Aus diesem Teufelskreis — »Ich möchte schon gerne, aber ich traue mich nicht« — werden Sie nur dann herauskommen, wenn *Sie* einmal wagen, den ersten Schritt zu tun!
Wenn *Sie* sich ein Herz nehmen, auf den anderen zuzugehen, sich zuerst bekanntzumachen... Sehr schnell werden Sie spüren, wie der andere sich freut, daß Sie ihn begrüßt haben, daß Sie mit ihm ins Gespräch gekommen sind. Viele Gelegenheiten im Leben werden verschenkt, weil wir uns etwas nicht zutrauen!
Da sitzen wir in der Eisenbahn, haben eine lange Fahrt vor uns — und wissen nicht, ob wir mit unserem Gegenüber ein Gespräch beginnen können.
Was kann denn schon passieren?
Daß der andere vielleicht ein geistiger Muffel ist und von uns nichts wissen will.
Nun, das gibt es.
Aber was haben Sie riskiert?
Einmal den Mund aufzumachen, einmal den Anfang zu machen.

Im anderen Fall, wenn wir nicht den ersten Schritt wagen: eine einmalige Gelegenheit kann vorbeigehen, nur weil wir Angst hatten, etwas »falsch« zu machen.

Die Meinung der anderen

Das ist der dritte, schwierige Punkt, warum wir oft so wenig Selbstvertrauen und so viel Unsicherheit haben:
»Was denken denn die anderen?«
»Ich könnte mich ja blamieren!«
Die anderen...
Die anderen bestimmen unser Verhalten. Was wir anziehen, wird von der neuesten Mode vorgeschrieben. Welche Literatur modern ist, liest man in den Bestsellerlisten.
Was »wertvoll« ist, erkennt man in erster Linie an einem hohen Preis. Man könnte »juhu« schreien, wenn man so manche Kunstszene erlebt: es muß nur möglichst ausgefallen von der Idee her und entsprechend teuer im Preis sein — dazu dann noch ein »einmaliges« Exemplar oder eine »limitierte Vorzugsausgabe« —, und schon haben wir ein »großartiges Kunstwerk« vor uns.
Weil wir auf vielen Gebieten uns nicht auskennen — woher sollten wir in einer immer komplizierter werdenden Welt auch überall Bescheid wissen? —, »andere« aber so selbstbewußt auftreten können, lassen wir uns von diesen anderen verunsichern und entmutigen.
Wer sind eigentlich diese »anderen«?
Wenn wir genauer hinschauen, werden wir sehr bald zwei Gruppen erkennen können: zu der einen Gruppe gehö-

ren die Menschen, die von Natur aus leichter mit dem Wort umgehen und sicherer auftreten können als wir, die wir vielleicht mehr mit Hemmungen und Ängsten zu kämpfen haben.

Wie aber alles im Leben seine zwei Seiten hat, so bleiben auch diejenigen, denen so manches leichter in den Schoß fällt, oft an der Oberfläche hängen. Sie haben keinen Tiefgang in ihren Gedanken. Sie »plätschern« so dahin, ohne wirklich etwas auszusagen.

Dann gibt es die zweite größere Gruppe, die es nicht so leicht im Leben hat und die sich alles erst erkämpfen — manchmal auch erleiden — muß. Diesen Menschen möchte ich einen wichtigen Trost sagen:

Je schwerer Sie sich tun, Ihre Unsicherheit abzulegen und Selbstsicherheit zu gewinnen, um so tiefere Erfahrungen werden Sie für Ihr Leben machen; gerade weil Sie nicht so leichtfertig »Blabla« daherreden können, werden Sie Ihre Worte besser abwägen und überlegen.

Sie werden zuerst nachdenken und dann erst reden.

Zuerst Ihre Meinung bilden und dann erst handeln.

Darauf aber beruht echte Sicherheit. Denn erst wenn Sie sich Ihre Meinung gebildet haben, gibt es keinen Grund mehr, »vor den anderen« unsicher zu sein.

Allein darauf beruht Sicherheit — und nicht nur ein aufgesetztes oberflächliches »so tun, als ob« —, daß ich mich wirklich in allen meinen Schwächen, aber auch in allen meinen Stärken erkenne.

Daß ich in mühsamen, vielen Schritten an mir selbst erfahren habe, was ich wirklich will. Was meine Ziele sind. Meine Wünsche.

Das ist doch oft die Hauptfrage, die zwischen Sicherheit und Unsicherheit steht:

Weiß ich wirklich, was ich will?
Oder lasse ich mich von der Meinung anderer hin und her treiben?
Kenne ich meine Ziele?
Oder richte ich diese zu sehr nach den Wünschen der anderen aus?
Falls Sie Autofahrer sind, kennen Sie die Situation sehr gut, wenn plötzlich auf einer freien Landstraße ein Auto in Ihrem Rückspiegel auftaucht und recht nahe auffährt, weil es im Moment nicht sofort überholen kann. Wir fühlen uns dann von dem Auffahrer bedrängt und unwohl. Wir wissen nicht, wie wir uns verhalten sollen, nur weil der andere uns so nahe im Nacken sitzt...
Die Angst vor der Meinung der anderen.
Es liegt ausschließlich und allein an Ihnen selbst, ob Sie sich von den »anderen« Ihr urpersönliches Leben bestimmen und vorschreiben lassen wollen. Oder ob Sie die Richtung und die »Geschwindigkeit« Ihres Lebens selbst in die Hand nehmen.
Was möchten Sie?
Was wollen Sie wirklich?
Was sind Sie bereit, dafür aufzuwenden?

Schwimmen möchte ich schon...

... nur mich nicht naß machen dabei. — Sind wir Menschen nicht oft eigenartige Helden? In Träumen, aber auch noch beim ruhigen Überlegen und Nachdenken möchten wir so vieles erreichen, so vieles fertigbringen. Doch wenn es dann in die Praxis geht, an das Umsetzen

unserer Gedanken und Wünsche in Taten und Erfolge, dann ist das wie bei einem, der Scheu vor dem Wasser hat: schwimmen möchte er schon sehr gerne, aber nicht naß werden dabei.
Das heißt: selbstsicher werden und Selbstvertrauen einüben, das ist auch unser Traumziel. Aber wir wollen das möglichst ohne Schwierigkeiten erreichen.
Möglichst im stillen Kämmerlein üben, wenn niemand zuschaut.
Nur nicht eine »Blamage« in Kauf nehmen.
Möglichst ohne große Anstrengung...

Weil man uns immer wieder durch Lieder, Filme und in Illustrierten eingehämmert hat und weiterhin vormacht, daß das Glück auf der Straße liegt.
Daß das Glück das Alltägliche, das Normale ist. Daß es Schwierigkeiten ja gar nicht gibt.
Oder wenn einmal doch, dann nur in Ausnahmefällen.
Nur in Unglücksfällen.
Weil wir zum Beispiel Sport nur noch als Zuschauer erleben, sehen wir nur die Siege und Erfolge, aber nicht die langjährige mühsame Trainingsarbeit.
Also gaukeln wir uns vor, daß Siege und Erfolge das Alltägliche sind. Von dem Üben und Trainieren, von dem Schweiß und der notwendigen Ausdauer sehen wir ja nichts.
Dabei ist doch das Umgekehrte die Regel im täglichen Leben: Der Erfolg ist das Außergewöhnliche.
Die Schwierigkeiten sind das Alltägliche.
Wenn wir uns das einmal richtig klarmachen und deutlich in unser Bewußtsein aufnehmen, wird sich unsere ganze Lebenseinstellung entscheidend verändern!
Deshalb lassen Sie es mich noch einmal wiederholen:

Die Schwierigkeiten im Leben sind das Alltägliche.
Der Erfolg ist das Außergewöhnliche.
Das aber heißt für mich: Schwierigkeiten sind nicht dazu da, mir das Leben zu verleiden oder zu versauern.
Schwierigkeiten sind keine Hindernisse, über die ich nicht hinwegkomme, sondern Schwierigkeiten sind Tag für Tag eine neue Chance für mich!
Nämlich eine Chance, immer Neues zu erproben und zu lernen. Eine Chance, mich täglich neu zu bewähren und mehr Tiefgang zu bekommen.
Täglich mein Leben besser in die Hand zu nehmen.
Täglich zum Beispiel mich mehr in Geduld und Verständnis gegenüber anderen einüben zu können.
Täglich besser zu lernen, mehr auf die Qualität meines Lebens als auf oberflächliche Quantität meines Schaffens zu achten.
Wenn ich das einmal richtig erfaßt habe, daß jede Schwierigkeit eine neue Chance des Lernens für mich bedeutet, werde ich Schwierigkeiten nicht mehr meiden, vor Schwierigkeiten nicht mehr davonlaufen, sondern mich ihnen stellen.
Dann werde ich vor Schwierigkeiten nicht gleich wieder einen »Kloß im Hals« bekommen und zu zittern anfangen, sondern jede neue Schwierigkeit als Chance sehen, in meinem Leben wieder einen Schritt weiterzukommen.
Nicht der Erfolg — und schon gar nicht das Glück — ist das Alltägliche.
Daß wir immer wieder Fehler machen, daß uns immer wieder neue Hindernisse im Weg liegen, ist das Normale und Alltägliche in unserem Leben.
Ohne Fehler und Schwierigkeiten können wir überhaupt keinen Lern- und Reifeprozeß durchmachen.

Könnten wir nie »wachsen«, das heißt »er-wachsen« werden.
Wir könnten nie zu wirklichem Selbstvertrauen finden, weil wir es ja gar nicht gelernt hätten, nie eine Chance gehabt hätten, echte Sicherheit einüben zu können...
So wenig es ein Schwimmen ohne ein Naßmachen gibt, so wenig gibt es Erfolgserlebnisse im Leben, ohne daß ich vorher Schwierigkeiten und Hindernisse mit in Kauf nehmen muß.
Vor keinem dieser Hindernisse und vor keiner dieser Schwierigkeiten aber muß ich Angst haben, wenn ich mit der Kunst der kleinen Schritte an ihre Lösungen gehe. Das aber heißt: nichts erzwingen wollen.

Nichts erzwingen wollen

Warum haben unsere Vorfahren gesünder als wir heute gelebt, obwohl sie zeitlich mehr arbeiteten und oft auch mehr erreichten als wir heute?
Warum hatten sie weniger Depressionen und weniger Ängste?
Warum hatten sie mehr Sicherheit, mehr Selbstvertrauen?
Weil sie gewohnt waren, von der Natur zu lernen. An der Natur sich ein Beispiel zu nehmen.
Sie wollten nicht, wie wir heute, alles auf einmal erreichen.
Sie wußten, daß vieles einfach seine Zeit braucht. Daß vieles nur langsam heranwachsen kann, nur in der Stille reift.

Schauen wir uns noch einmal das Beispiel der Bergsteiger an, die einen Viertausender bezwingen wollen.
Da wird nichts in Hetze vorbereitet, nicht in Hektik gefrühstückt, nicht in Eilmärschen losmarschiert.
Bergsteiger nehmen sich Zeit.
Warum?
Weil sie schon sehr bald gelernt haben, daß man eine große Strecke, einen steilen Berg, ein hohes Wagnis nur Schritt für Schritt angehen kann.
Wer es anders versucht, wird seine Kräfte schnell verausgaben und bald keine Reserven mehr haben.
Warum ermüden wir heute so schnell? Weil es sportlich sein soll, gleich zwei oder drei Stufen auf einmal zu nehmen.
Also stürmen wir — obwohl wir körperlich ungeübt sind — die Stufen hinauf und wundern uns, daß uns nach kurzer Zeit schon die Luft wegbleibt.
Machen wir es nicht auch im beruflichen Alltag oder bei unseren menschlichen Problemen ebenso? Alles soll möglichst schnell, möglichst auf einmal erledigt werden.
Das fängt bei den Krankheiten an. Wo man früher seine Grippe in Ruhe ausgeschwitzt hat, gibt es heute ein kräftiges Antibiotikum, und — abrakadabra — nach einem Tag ist das Fieber vorbei.
Nach vier Tagen ist aber auch der Kreislauf im Eimer und das Herz entsprechend geschwächt.
Bergsteiger nehmen sich Zeit, weil sie wissen, daß man einen Viertausender nicht im Laufschritt erstürmen kann.
Und:
Bergsteiger haben auch die Zeit dazu.
Weil sie sich ihre Zeit richtig einteilen.

Sie verschlafen nicht erst die Hälfte des Tages durch Träumen oder Grübeln. Spätestens um 5 Uhr, oft noch früher, verlassen sie ihre Berghütte, wenn es zum Gipfel gehen soll.
Zeit nehmen!
Zeit lassen!
Nichts erzwingen wollen.
Das gilt auch für uns, wenn wir uns einüben wollen, mehr Sicherheit und Selbstvertrauen zu gewinnen.
Wenn ich noch nie geübt habe, vor einem kleinen Kreis von Menschen zu sprechen, kann ich morgen noch keine Rede vor 150 Leuten halten.
Wenn es mir bisher schwergefallen ist, in einer größeren ungewohnten Gesellschaft meinen Mund aufzutun, dann kann ich es nicht gerade dann auf Anhieb fertigbringen wollen, wenn auch noch hohe Politiker und große Künstler im Raum dabei sind. Wenn ich noch nicht richtig schwimmen gelernt habe, kann ich das nicht mit einem Sprung vom 10-m-Brett zu lernen anfangen wollen.
Nur Schritt für Schritt kann ich neue positive Erfahrungen erlernen.
Wenn ich sie in kleinen Schritten einübe, lernt es sich leichter.
Vor allem aber: es hält länger an und wird so schnell nicht wieder vergessen.
Da gab es in der deutschen Fußball-Bundesliga einmal einen Supertrainer. Am meisten »super« bei ihm war sein großes Mundwerk.
Als er auf dem Höhepunkt seiner Karriere einmal einen neuen Fußballklub als Trainer übernahm, da begann er — entsprechend seinem Ruf als Meistertrainer — die Spieler kräftig herzunehmen.

Zur Vorbereitung auf die neue Saison fuhr er mit ihnen ins Gebirge und jagte sie dort — Tag für Tag — die steilsten Berge hinauf. Er ging mit seinen kräftigen Anfeuerungsrufen immer hinterher.
Ganz Fußball-Deutschland bewunderte diesen Trainer, der von seinen Spielern so viel verlangte. Was müssen diese Spieler für eine Kondition bekommen!
Jeden Tag diese Höchstleistungen!
Doch was kam bei all diesem Abschinden — nichts anderes war es als ein körperliches Schinden — am Ende der Saison heraus? Der Verein — im Jahr vorher noch deutscher Fußballmeister — mußte absteigen in die 2. Bundesliga, weil die Spieler ihre Kräfte viel zu bald verausgabt hatten.
Wer gegen den Rhythmus der Natur — siehe hierzu Näheres in einem späteren Kapitel — sich versündigt, wird nie oben ankommen. Wer etwas mit Gewalt erzwingen, wer mit einem einzigen großen Anlauf etwas schaffen will, läuft zuallererst Gefahr, daß er bei seinem großen stürmischen Anlauf einen ebenso großen schnellen Absturz erleben kann.
Nichts auf einmal erzwingen wollen.
In kleinen Schritten vorgehen.
Diese kleinen Schritte muß ich natürlich kennen. Mir überlegen.
Ich muß mir klar darüber werden, was ich überhaupt erreichen will. Ich muß meine Ziele kennen.
Und ich muß mir dann meine Schritte so einteilen, daß ich mit meinen Kräften und mit meiner Zeit durchhalten und ausreichen kann.

Meine Bequemlichkeit überwinden

»Nichts erzwingen wollen« heißt aber andererseits nicht, daß wir alles auf die bequeme Tour laufen lassen. Wenn wir uns einmal ehrlich prüfen, werden wir feststellen, daß die eine oder andere bisherige Unsicherheit ganz einfach daher kommt, daß wir manchmal nur zu bequem sind, uns einmal über das gewohnte Maß hinaus anzustrengen. Daß es uns eine Überwindung kostet, eine bisher ungewohnte Sache in Angriff zu nehmen.
Natürlich ist es leichter und bequemer, einen Fernsehkrimi anzuschauen, anstatt ein Sachbuch zu studieren und neue Entdeckungen für mein Leben zu machen.
Natürlich ist es weniger anstrengend, sich unter der Decke zu verkriechen, als eine neue Aufgabe zu beginnen.
Aber wenn wir wirklich unsere Unsicherheit ablegen und Selbstvertrauen lernen wollen, dann geht es nicht, ohne daß wir uns nicht manchmal einen leichten Boxhaken selbst verpassen und uns zusammenreißen.
Schon an früherer Stelle habe ich ausführlich erklärt, daß »ich kann nicht« meistens »ich will nicht« heißen muß. Anstelle von »ich will nicht« können wir auch sagen: »Ich mag nicht«, »ich will mir meine Bequemlichkeit nicht stören lassen.«
Das haben natürlich Sie allein in der Hand, und Sie allein können es sich aussuchen: Wollen Sie lieber Ihre Bequemlichkeit haben, lieber sich nicht anstrengen, nichts lernen, nichts riskieren und dafür ein Leben lang unsicher und voller Hemmungen sein?
Oder springen Sie manchmal auch über Ihren eigenen Schatten, über Ihre eigene Bequemlichkeit und nehmen

einen neuen Anlauf, wieder einen neuen Schritt zu lernen, wieder einen neuen Schritt im Leben weiterzukommen.

Mit diesem »Anlauf« müssen wir auch jedesmal dann immer wieder neu beginnen, wenn uns einmal ein Schritt nicht gelungen ist. Wenn einmal einige Schritte sogar rückwärts gingen. Das ist nichts Ungewöhnliches, sondern etwas höchst Menschliches: daß wir nämlich Fehler machen, daß wir Rückschläge erleiden.

Gerade dann gilt es, nicht aufzustecken, nicht liegenzubleiben. Je besser ich lerne, meine eigenen Fehler und Schwierigkeiten als normales Hindernis im Leben zu sehen, um so leichter und rascher wird mir ein neuer Anfang gelingen.

Es kommt nicht darauf an, wie viele Fehler ich mache und wie viele Rückschläge ich erleide. Einzig und allein kommt es darauf an, daß ich jedesmal wieder von neuem die »Bettdecke der Bequemlichkeit« abstreife und einen neuen Anfang wage.

Je öfter ich einen Fehler wiedergutmache und die Niedergeschlagenheit überwinde, um so mehr Selbstvertrauen und Sicherheit lerne ich für mein eigenes Leben. Nur dieses ständige Lernen — und nicht Geld oder Gold — gibt mir die Sicherheit für mein Leben, die ich brauche, wenn ich in schweren Situationen mein Leben meistern und bewältigen will.

Wie finde ich mehr Ruhe und mehr Ausgeglichenheit?

Eines der wichtigsten Themen heute

Anstelle dieses Hauptabschnittes könnte man sicher auch ein ganzes Buch schreiben. So sehr beherrschen uns heute die Fragen:
Wie werde ich mit meinen vielen Belastungen fertig?
Komme ich überhaupt jemals aus diesem Teufelskreis von Arbeiten und Sorgen, Sorgen und Arbeiten noch heraus?
Wie ist heute noch Ruhe und Ausgeglichenheit möglich?
Das schaffe ich nie!
Da ist es wieder, dieses »nie«!
Weil wir den ganzen Berg vor uns sehen. Die ganze, weite Strecke, die wir zurücklegen müßten, und unseren kurzen Atem nur zu gut kennen.
»Dieses schaffe ich nie« wird natürlich auch bei uns Gültigkeit erlangen, wenn wir in dem bisherigen Stil weiter vor uns hinwurschteln.
Immer das Vornedranliegende zuerst.
Von früh bis nachts. Bis die Arbeit fertig ist.
So wie wir es in vielen Jahren gelernt haben.
Aber ist das richtig, immer das Nächstliegende zuerst und von früh bis spät in die Nacht zu arbeiten und zu sorgen?
Lassen Sie uns doch zuerst einmal einen Blick in die Natur werfen. Wie sieht es denn dort mit dem »bis in die Nacht hinein« aus?
Gibt es dort noch eine Ordnung? Eine gewisse Ausgeglichenheit? Ruhe, die uns Menschen so sehr abgeht?

Jegliches Leben hat seinen Rhythmus

Solange es die Erde gibt, seit vielen Millionen Jahren also, hat sich dieser Rhythmus in der Natur nie geändert:
Auf jeden Tag folgt eine Nacht.
Auf jedes Frühjahr ein Sommer; ein Herbst und ein Winter.
Wenn es noch so kalt ist, auch nach dem längsten Winter gibt es wieder einen Frühling.
Die Sonne zieht seit Milliarden Jahren ihre Bahn gleichmäßig und regelmäßig wie alle anderen Gestirne.
Diesen Rhythmus können wir bei allen Pflanzen ebenso beobachten wie bei allen Tieren:
Mit dem Strahl der Sonne öffnen sich die Blütenkelche. Ja sie richten im Laufe des Tages sogar ihre Öffnungen jeweils nach dem Lauf der Sonne hin aus.
Tiere wissen, wann sie rechtzeitig vor dem hereinbrechenden Winter ihren Bau herrichten oder weiter nach Süden ziehen müssen.
Auch der Mensch hat seinen Rhythmus, seine biologische Uhr. Wir werden vom Tag- und Nachtwechsel ebenso beeinflußt wie von den Jahreszeiten. Schichtarbeiter wissen ein Lied davon zu singen.
Große Reisen in ferne Länder bringen unsere innere Uhr in Unordnung. Bei größeren Flugreisen von Kontinent zu Kontinent müssen wir uns jedesmal erst wieder neu »einpendeln«.
Dazu kommen weitere Einflüsse, die auf unser Leben entscheidend einwirken: Jeder größere Wetterwechsel kann starke Herz- und Kreislaufbeschwerden auslösen oder bei Menschen mit Operationsnarben oder Amputationen heftige Schmerzen herbeiführen.

Viele Kopfschmerzen und Migräneanfälle werden von einer ungünstigen Wetterlage beeinflußt.
Können wir gegen derartige plötzliche Wetterveränderungen nur wenig vorbeugend tun, so sollten wir um so mehr darauf achten, daß wir den normalen Tag-und-Nacht-Rhythmus, das Gesetz von Anpassung und Entspannung, von Verausgaben und Erholen, nicht leichtfertig durcheinanderbringen.
So wie auf jeden Tag eine neue Nacht folgt, benötigt auch der Mensch nach jeder Anstrengungsphase eine entsprechende Erholungspause.
Ein Bogen, der immer in Hochspannung bleibt, verliert sehr bald seine Kraft.
Eine Maschine, die dauernd auf Hochtouren läuft, nützt sich sehr rasch ab.
So fordern auch unser Körper wie unser Geist und unsere Seele ihr Recht auf Entspannung und Erholung.
Wenn wir unserem Körper keine Gelegenheit zum Ausruhen geben, holt er sich diese bald selbst: wir werden krank und müssen zur Zwangserholung im Bett bleiben.
Wenn wir unserem Geist keine neue Zufuhr verschaffen durch wesentliche Lektüre, erholsame Konzerte oder anregende Gespräche und Vorträge, wird er bald leergebrannt sein.
Wenn wir unserer Seele keine Möglichkeit zur Besinnung und zum Nachdenken geben, werden wir rasch verkrampft und nervös werden.
So heißt eine der wichtigsten Forderungen für unser Leben, wenn wir zu mehr Ruhe und mehr Ausgeglichenheit finden wollen: Wir müssen die natürlichen Gesetze der Lebensrhythmen beachten lernen und nicht zum Beispiel jede Nacht zum Tag machen wollen.
Ein ganz einfaches, aber einleuchtendes Beispiel:

Wer *unmittelbar* nach dem Mittagessen eine Tasse Kaffee trinkt, um sich mit Koffein wieder aufzuputschen und frisch zu machen, handelt gegen die Natur seines Körpers. Denn unser Körper ist nach einem — vor allem reichhaltigen — Essen einfach träge und auf Ruhepause eingestellt. Jetzt wird das Blut aus dem Gehirn in den Magen abgezogen, wo es zur Verdauung benötigt wird. Alle Mittagspausen, die nur so lange dauern wie das eigentliche Essen, verstoßen gegen eines der einfachsten, aber wichtigsten Gesetze unseres Körpers: daß wir nach dem Essen eine Pause benötigen. Sei es zum Ruhen oder aber zum Spazierengehen, wie schon Goethe es empfohlen hat.

Was nützt uns der frühe Arbeitsschluß am Nachmittag, wenn wir ihn nur erreichen, weil wir Tag für Tag bei unserer Mittagspause uns gegen unseren Körper versündigen. Dann wundern wir uns, wenn wir Magenschmerzen bekommen oder nervös werden.

Um noch einmal zur Tasse Kaffee zurückzukommen: Natürlich bringt uns ein Kaffee — soweit wir ihn vertragen — am Nachmittag neue Lebensgeister. Aber wir sollten zuerst unserem Körper eine Trägheitspause zur Verdauung gönnen und den Kaffee frühestens eine halbe Stunde nach dem Essen trinken.

Dann erreichen wir noch einmal nach dem ersten Hoch am Vormittag ein zweites Arbeitshoch am Nachmittag und leben konform mit den Notwendigkeiten unseres Körpers.

Wir sollten also grundsätzlich beachten, daß alles, was wir zur Anregung oder zur Beruhigung unseres Körpers tun, auch mit den natürlichen Rhythmusphasen übereinstimmt.

Das heißt: Wenn ich am Abend abschalten, zur Ruhe

kommen will, darf ich nichts Anregendes oder gar Aufregendes mehr zu mir nehmen. Das gilt sowohl für meine körperliche wie für meine geistige Nahrung.
Wenn ich von Weißwein oder gar Sekt angeregt und wach werde, ist es einfach vernünftiger, lieber Rotwein oder Bier zu trinken. Wenn ich sehr kreativ tätig bin, finde ich nicht zur Ruhe, wenn ich am Abend noch interessante Fachliteratur studiere.
Wenn mich Fernsehkrimis oder Fußballspiele aufregen, ich aber schlecht einschlafen kann, dann muß ich mir eben einmal gut überlegen, ob ein Krimi mir wirklich zur Entspannung dient. Oder ob ich nicht doch lieber nach 10 Uhr abends keinen mehr anschaue, weil ich bisher jedesmal danach hellwach war.
Selbstverständlich gibt es Ausnahmesituationen. Wenn ich unbedingt eine sehr wichtige Arbeit noch fertigbringen und deswegen bis in die Nacht oder gar bis in den frühen Morgen hinein arbeiten muß, dann brauche ich vielleicht einen Kaffee oder eine Tasse Tee auch noch um Mitternacht. Aber das sollen und können nur Ausnahmesituationen bleiben und darf nicht die Regel sein.
Wir müssen unser Leben wieder mehr mit dem Rhythmus der Natur in Übereinstimmung bringen, das heißt in unserem Leben wieder mehr auf Regelmäßigkeit und Beständigkeit achten.
Denn nichts anderes heißt ja Ausgeglichenheit: daß ich gelassen und in Ruhe meine Aufgaben bewältige und mich nicht von jedem kleinen »Wetterwechsel« aus der Bahn werfen lasse. Das aber werden wir erst dann fertigbringen, wenn wir selbst zunächst dafür sorgen, daß wir mehr Gesetzmäßigkeit und mehr Regelmäßigkeit in unseren Tagesablauf hineinbringen und uns dabei dem Rhythmus unseres Körpers angleichen.

Mehr Gleichmäßigkeit — wie schaffe ich das?

Zuerst einmal: Nicht so viel reden und mehr handeln! Natürlich ist unsere heutige Zeit voll Unruhe und Streß. Aber ich habe immer den Eindruck, daß wir uns einen großen Teil an Streß zusätzlich herbeireden.

Als ich einmal einen bekannten Unternehmer besuchte, erzählte er über 15 Minuten lang in liebenswürdiger Weise, wieviel er zu tun habe und wie sehr er mit Arbeit überlastet sei. Als ich nach einer halben Stunde wieder wegging — der offizielle Anlaß des Gesprächs war in knapp 10 Minuten erledigt —, kannte ich alle seine Verpflichtungen, die er in den nächsten Tagen wahrzunehmen hatte. So ausführlich hat er mir alle Arbeitstermine geschildert.

Ich kenne eine sehr liebenswerte Kindergärtnerin, deren zweites Wort ist immer »Hektik«. Hektik im Kindergarten, Hektik im Berufs- wie im Privatleben. Dementsprechend hektisch wirkt auch oft ihre Sprache.

Beobachten Sie einmal Menschen, mit denen Sie öfters zusammenkommen: Je mehr einer von Streß spricht, um so weniger Zeit hat er für die Erledigung seiner konkreten Aufgaben.

Menschen dagegen, die wirklich viel im Leben erreicht haben, die ein hohes Pensum an Arbeit Tag für Tag erledigen, fassen sich knapp mit ihren Worten. Von ihnen hören Sie auch kaum einmal Worte wie »Streß«, »Hektik« oder ähnliche. Sie haben gelernt, Ordnung in ihrem Leben zu schaffen und besonders auch Disziplin beim Sprechen zu üben.

Achten Sie einmal selbst auf sich: Wie sehen meine Telefongespräche aus? Meine Briefe? Meine Unterhaltung? Verplaudere ich oft wertvolle Zeit mit nebensächlichen oder umständlichen Redensarten? Könnte ich hier nicht einen ersten kleinen Schritt machen, mich kürzer zu fassen und dadurch Zeit einzusparen für wesentlichere Aufgaben?

Wir sollten uns bemühen, *weniger vom Streß zu reden* und mehr konkret gegen den Streß in unserem Leben zu unternehmen.

Mehr Gleichmäßigkeit, mehr Ausgeglichenheit für unser Leben: ich muß meinen eigenen Rhythmus kennenlernen.

Es gibt Morgen- und Abendmenschen. Das heißt, bestimmte Leute haben ihre beste Arbeitszeit am Morgen, andere am Abend.

Wenn ich zu den Morgenmenschen gehöre, vergeude ich wertvolle Zeit, die ich zur Lösung schwieriger Probleme verwenden könnte, wenn ich in diesen meinen besten Stunden unwichtige Arbeiten zuerst erledige oder gar mich von der Morgenzeitung aufhalten lasse. Früher habe ich auch geglaubt, ich sei nur ein halber Mensch, wenn ich nicht auf dem »allerneuesten« Stand sei. Heute kenne ich meinen eigenen Rhythmus und lasse mich am Vormittag weder von der Zeitung noch von der Post oder von Telefonaten aufhalten. Briefe und Telefongespräche erledige ich nur noch in der »schwächeren« Zeit nach der Mittagspause oder vor Arbeitsende.

Mir ist noch nichts im Leben dadurch entgangen, daß ich meine Zeitung seit einiger Zeit erst nach dem Mittagessen oder manchmal auch erst am Abend lese. Aber ich habe wertvolle Zeit am Morgen für kreative und wichtige, entscheidende Tätigkeit gewonnen.

Das bringt erst Gleichmäßigkeit und Ausgeglichenheit in das Leben, wenn ich meinen Arbeitsrhythmus *nach den mir gegebenen* Veranlagungen und Möglichkeiten festlege und wenn ich mir *nicht von anderer Seite,* also zum Beispiel von Briefen, Telefonanrufen, Zeitungen und ähnlichen Störungsquellen, meinen Tagesplan durcheinanderbringen lasse.
Ich muß also meinen persönlichen Rhythmus kennen, und ich muß meinen Rhythmus, so gut ich kann, auch verwirklichen.
Das geht natürlich nicht immer. Oft müssen wir Rücksicht nehmen und können nicht jede Störung von uns fernhalten.
Aber können wir dieses »Rücksichtnehmen« nicht auch manchmal von anderen verlangen?
Wenn ich bei jedem Telefonklingeln gleich losrenne, ist es kein Wunder, wenn ich oft in meinem Alltag gestört werde. Wenn ich aber zum Beispiel zu bestimmten Stunden einfach nicht ans Telefon gehe, werden manche meiner Anrufer bald merken, daß ich um diese Zeit nicht zu sprechen bin. Im übrigen kann ich gegenüber vernünftigen Freunden und Arbeitskollegen doch auch meine Wünsche und Vorstellungen bezüglich meiner eigenen Arbeitseinteilung gelegentlich äußern und diese wissen lassen, daß ich während gewisser Stunden nicht erreichbar bin.
Manche Großbetriebe ermöglichen ihren Mitarbeitern bereits heute eine »telefonfreie« oder »besucherfreie« Arbeitszeit zu bestimmten Tageszeiten. Dort können auch selbst unter Arbeitskollegen zu festgelegten Zeiten keine Störungen erfolgen.
Viel Hektik und Streß, viel Unruhe und Nervosität gelangen allein deswegen in unser Leben, weil wir uns die-

ses zu viel von außen beeinflussen lassen und zu wenig selbst steuern. Weil wir zu viel auf Anstöße von außen reagieren, statt unser Leben stärker selbst in die Hand zu nehmen.

Prioritäten setzen

Wir müssen ganz einfach mehr unseren Tagesablauf selbst planen und selbst in die Hand nehmen, wenn wir gelassener und ausgeglichener werden wollen. Wir müssen lernen, die vielen auf uns täglich eindringenden Arbeiten zu sortieren und sie nach ihrer Wichtigkeit zu ordnen. Nichts anderes heißt »Prioritäten setzen«: das Wichtigste zuerst tun.

Was aber ist für mich das Wichtigste? So vieles stürmt auf uns ein, was alles gleich, sofort, möglichst noch heute erledigt werden soll.

Bei der Erledigung unserer vielen Einzelaufgaben Tag für Tag gilt das gleiche, was wir schon bei der Lösung eines einzelnen großen, besonders schwierigen Problems gesehen haben: wir müssen unsere Arbeit überschaubar machen. Wir müssen eine Ordnung in unseren Arbeitsablauf, in unseren ganzen Tag hineinbringen.

Das ungeregelte Hin- und Hereilen von einer Aufgabe zur anderen bringt viel Unruhe in unser Leben. Es macht uns nervös und kribbelig.

Gerade dann, wenn die Arbeit über unserem Kopf zusammenschlägt, wenn wir uns gar nicht mehr auskennen und nicht wissen, wo wir anfangen und aufhören sollen, gerade dann hilft es uns am besten weiter, wenn wir

radikal — vielleicht für nur fünf Minuten — uns in die Stille zurückziehen.
Machen Sie alle Türen hinter sich zu, und lassen Sie für diese fünf Minuten auch das Telefon und die Türklingel außer acht. Bevor Sie ganz durchdrehen oder verrückt zu spielen anfangen, ist doch nichts wichtiger, als daß *Sie* wieder zu sich selber finden. Zum Ruhigwerden kommen, zum Nachdenken.
Mir haben solche Minuten in der Abgeschlossenheit, bei denen ich mit Bleistift und Papier Bestandsaufnahme gemacht habe, nicht nur sehr oft geholfen, wieder neue Ruhe zu finden. Ich habe danach auch wieder wesentlich mehr und besser arbeiten können als vorher, so daß die Unterbrechung schon in der nächsten Stunde wieder eingeholt war.
Wer sich ein solches »Sichzurückziehen« nicht unmittelbar am Arbeitsplatz leisten kann, wird sicher bei etwas Nachdenken eine andere Gelegenheit, einen anderen stillen Ort — und sei es ein Örtchen — finden können...
Öfters sich einmal zurückziehen.
Nachdenken.
Wieder zur Besinnung kommen.
Die vielen auf mich einstürmenden Aufgaben erst wieder einmal überschaubar machen.
Darum geht es ja beim Sichzurückziehen: ich mache halt mit meinem Hetzen oder Gehetztwerden und versuche, bevor ich so nervös weiterstrample wie bisher, mir einen *Überblick* über meine *wirklich wichtigen* Aufgaben zu verschaffen.
Wenn Sie das einmal eingeübt haben, werden Sie ohne eine solche Übersicht nicht mehr arbeiten wollen: Sie schreiben sich zunächst wahllos alle Dinge, die von

Ihnen heute noch bearbeitet werden müssen, auf ein großes Blatt Papier untereinander.
Wenn Sie alles schriftlich vor sich sehen, können Sie dann leicht mit dem Sortieren anfangen und Prioritäten setzen. Das heißt, Sie numerieren die einzelnen Arbeiten nach ihrer Dringlichkeit.
Schon bald werden Sie feststellen, daß es kaum zwei Punkte gibt, die unbedingt beide jetzt gleich, sofort, bearbeitet werden müßten. Meistens hat jede noch so dringliche Arbeit wenigstens noch einen kleinen Spielraum Zeit.
So können Sie sich für *eine* Aufgabe entscheiden, die Sie jetzt als Nummer 1 sofort erledigen und andere ähnlich wichtige auf den zweiten und dritten Platz rücken. Bis hin zu Nr. 8 oder auch Nr. 23, je nach Ihrem Aufgabenbereich.
Sie glauben, das sei zu umständlich?
Jeden Tag eine solche Liste aufstellen, dafür haben Sie keine Zeit?
Ich gebe Ihnen meine feste Zusage, daß Sie dadurch keine Zeit vergeuden, sondern nur neue Zeit gewinnen und daß Sie vor allem viel ruhiger in Ihrem Leben werden — und dadurch auch viel sicherer gegenüber Ihren Schwierigkeiten und Problemen —, wenn Sie nach einem solchen Tagesplan arbeiten.
Die Erstellung, das Nachdenken darüber, das Aufschreiben, das Sortieren und Numerieren werden Sie kaum 10 Minuten Zeit kosten. Aber besser können Sie keine 10 Minuten täglich für Ihr Leben anlegen!
Denn jetzt tritt in der Praxis das ein, wonach Sie so lange gesucht haben: Sie finden Zeit, *sich auf eine Aufgabe ganz konzentrieren zu können.*
Weil Sie wissen, daß Punkt 2 noch eine Stunde Zeit hat,

Punkt 4 erst am Nachmittag erledigt werden muß und Punkt 7 auch vielleicht auf morgen verschoben werden kann, können Sie sich jetzt ausschließlich auf Ihre erste Aufgabe konzentrieren und dieser sich voll und ganz allein widmen.
Sie können ungestört »hier und jetzt« arbeiten. Sie brauchen sich keine Sorgen um die vielen anderen Dinge zu machen, weil Sie ja einen Überblick haben!
Sie wissen ja, daß im Moment *nur diese eine* Aufgabe drängt, nur diese eine Arbeit jetzt sofort erledigt werden muß.

Sammeln Sie Erfolgserlebnisse

Die Erstellung eines nach Rangfolge geordneten Tagesplanes bringt Ihnen nicht nur eine bessere Übersicht, mehr Ordnung und mehr Ruhe in Ihr Leben. Sie verschafft Ihnen auch viele kleine tägliche Erfolgserlebnisse.
Sie müssen einmal das Gefühl erleben, wenn Sie nach zwei oder drei Stunden bereits vier oder auch sieben Punkte als erledigt abgehakt haben!
Denn natürlich streichen Sie die bearbeiteten Ziffern sofort durch, damit Sie mit der gleichen Konzentration zum nächsten Punkt Ihres Tagesplanes gehen können.
Für mich gibt es keinen größeren Ansporn, den »nächsten Schritt«, die nächste Aufgabe in Angriff zu nehmen, als wenn ich befriedigt auf eine Reihe durchgestrichener Stichworte schauen kann. »Schon wieder drei Probleme weniger ...«

Arbeiten, die zeitmäßig nicht brandeilig sind, ordnen Sie am besten entsprechend dem Rhythmus Ihres Körpers ein.
Wenn Sie früh sofort fit sind, wenn Sie also ein Morgenmensch sind und nachmittags Ihre schlechtere Zeit haben, dann stellen Sie auch das schwierigste Problem an die erste Stelle! Denn ausgeruht läßt sich ein »dicker Brocken« natürlich leichter bearbeiten, als wenn man am Nachmittag schon müde und leicht abgekämpft ist. Wenn aber das schwerste Problem vom Tisch ist, können Sie erst einmal aufschnaufen: Gott sei Dank, daß ich das erledigt habe!
Wir alle kennen doch solche Arbeiten, an die wir am liebsten überhaupt nicht herangehen möchten. Einen bestimmten Brief schreiben, einen unangenehmen Telefonanruf erledigen, eine heikle Besprechung führen... So etwas kann uns schon auf dem Magen liegen, uns lähmen, ja manchmal sogar krank machen.
Deswegen sollten wir solche Schwierigkeiten in unsere beste Arbeitsphase legen. Hier können wir sie am leichtesten lösen.
Derartig schwierige Probleme sollten Sie zu Arbeitsbeginn auch noch einmal in Ruhe überdenken: Wie kann ich im einzelnen vorgehen? Welche Argumente kann ich für mich ins Feld führen? Auf was muß ich besonders achten?
Und dann erst an die Ausführung gehen!
Natürlich kommen Störungen dazwischen. Ein unerwarteter Besuch, ein längeres Gespräch. Oder ein Punkt hält Sie länger als geplant auf. Ein anderer, der bisher noch weiter unten auf der Liste stand, wird dadurch in der Reihenfolge wichtiger, weil inzwischen wertvolle Zeit vergangen ist.

Da müssen wir selbstverständlich flexibel bleiben und die Reihenfolge zwischendurch umändern.
Schon am Nachmittag können die Prioritäten anders aussehen als am Vormittag. Nun, mit wenigen Umplazierungen bekommen Sie eine neue, wieder aktuelle Übersicht.
Auch Hausfrauen sollten sich ihren Tagesplan zurechtlegen. Vieles läßt sich besser einteilen, überschauen, wenn Sie Ihre Tageserledigungen vor sich auf einem Zettel notiert haben.
Köstlich zu erleben war es für mich einmal, als ich einen meiner Söhne fragte, ob er für mich eine Besorgung erledigen könne. Er stand seinerzeit gerade vor dem Abitur und hatte an diesem Nachmittag natürlich »so viel« zu tun, daß er für mich »beim besten Willen« keine Zeit hatte. Als wir aber erst einmal zusammen seine »so viele« Arbeit uns genauer ansahen, eine Rangfolge festlegten und die einzelnen Arbeitsschritte besser koordinierten, hatte er nicht nur Zeit, meine Besorgung zu erledigen, sondern zusätzlich für sich auch noch eine freie Stunde hinzugewonnen. Ich weiß noch, welch erstauntes Gesicht er machte. Denn vor dem Ordnen seiner Arbeiten war er fest überzeugt, daß er heute kaum seine eigenen Arbeiten erledigen konnte.
Es liegt an Ihnen, ob Sie sich ständig unter Zeitdruck setzen lassen wollen oder ob Sie nicht besser selbst Ihre Zeit in die Hand nehmen und sich selbst Ihre Zeit einteilen, statt sich Ihren Arbeitsrhythmus durch äußere Einflüsse aufzwingen und zu oft stören zu lassen.
Sie können Erfolgserlebnisse sammeln am laufenden Band, wenn Sie selbst sich täglich Ihre Prioritäten setzen, täglich neu Ihre Probleme und Aufgaben überschaubar aufschreiben und einteilen.

Vor allem aber bekommen Sie mehr Ruhe in Ihren Tagesablauf, und Ihr Leben wird ausgeglichener. Denn was Sie bisher oft belastet und unter Zeitdruck gesetzt hat, fällt jetzt weg:
Sie haben eine Übersicht über die von Ihnen zu leistenden Aufgaben. Sie kommen nicht mehr in Streßsituationen wie früher, wo wichtige Dinge oft erst in letzter Minute bearbeitet worden sind.
Sie sehen schriftlich vor sich, welche Aufgaben jetzt dringend erledigt werden müssen. Sie können aber ebensogut erkennen, welche Punkte Sie gegebenenfalls auf den nächsten Tag verschieben können.

Sie müssen sich entscheiden

So wie ein schriftlicher Tagesplan viel Ordnung in unser Leben bringen kann, so ist seine Erstellung aber auch nur ein erster wichtiger Schritt auf dem Weg, mehr Ruhe und Ausgeglichenheit in unser Leben zu bringen.
Schon bald werden wir feststellen, daß zu viele Aufgaben auf unserer Liste notiert sind, daß vom letzten Tag noch eine ganze Reihe nicht erledigt ist.
Wir müssen also wieder von vorne anfangen, wieder neue Prioritäten setzen.
Aber diesmal geht es nicht mehr nur um ein Ordnen und Überschaubarmachen.
Jetzt müssen wir eine viel wichtigere Entscheidung treffen.
Unser Leben ist heute sehr vielseitig geworden. Die moderne Technik erlaubt uns Reisen in die ganze Welt.

Neben der Zeitung informiert und unterhält uns das Fernsehen ausführlich und reichlich. Dazu kommen neben dem zahlreichen Angebot auf dem Unterhaltungssektor die Möglichkeiten zur Ausübung vieler Hobbies. Wer sich auch nur ein wenig engagiert, kann oder soll viele ehrenamtliche Aufgaben übernehmen ...

Dazu werden wir von den neuesten Trends strapaziert: der neue Pelzmantel der Schwester, das neueste Auto des Arbeitskollegen oder die letzte Errungenschaft der Nachbarn lassen uns nicht immer gleichgültig.

Also noch mehr arbeiten, noch mehr anstrengen, noch mehr Geld verdienen?

Hier kommen wir an eine wichtige Wegscheide in unserem Leben. Wie so oft können — und müssen — wir wählen: Möchte ich überall dabeisein, überall vornedran, bei allen »wichtigen« Gelegenheiten mitreden und auf allen Hochzeiten tanzen?

Das kann schon ein Lebensziel sein: viel mitreden zu können, vieles mit zu entscheiden, vieles zu beeinflussen. Aber dann muß ich auch bereit sein, vielleicht 12-14 Stunden täglich zu arbeiten und auch am Wochenende keine Ruhe zu finden.

Eine Mitarbeit im Gemeinderat oder bei einer Bürgerinitiative, im Hausfrauenbund oder in einem sozialen Verband sind wichtige Aufgaben, denen wir uns nicht entziehen sollten.

Die Frage ist nur: Muß ich *überall* dabeisein?

Mein Leben wird sicher seicht und langweilig, wenn ich mir keine Ziele setze, keine Initiativen ergreife. Nur: bei dem heutigen Riesenangebot in allen Lebensbereichen muß ich einfach auswählen. Wenn ich *überall* mitmischen, *alles* mitmachen will, dann werde ich dieses Überangebot nicht bewältigen können.

Woher kommt denn unsere innere Unruhe und unsere Unausgeglichenheit: weil wir oft nicht wissen, wo wir überhaupt noch anfangen sollen, woher wir die Zeit für die einzelnen übernommenen Pflichten noch nehmen sollen...

Wo anfangen?

Wo die Zeit hernehmen?

Hier bleibt Ihnen nichts anderes übrig, als daß Sie für Ihr Leben klare Entscheidungen treffen. Daß Sie sich kritisch fragen: Muß das alles *von mir* gemacht werden? Muß ich immer — und wenn ja, auf wessen Kosten — mit vorne dabeisein?

Muß ich immer bei jedem neuen Hobby mitmachen? Ist mein Leben wirklich erst dann interessant und lebenswert, wenn ich auch den allermodernsten Video-Recorder besitze und zwei Pelzmäntel im Kleiderschrank hängen habe? Muß ich wirklich jeden Fernsehkrimi anschauen und jeden Modetrend mitmachen?

Was will ich eigentlich für mein Leben erreichen?

Was hat in meinem Leben wirklich Vorrang?

Ich will hier nicht moralisieren und keine Rangfolge aufstellen. Jeder von uns hat andere Vorstellungen, andere Wünsche, andere Ziele. Das ist gut so.

Über eines müssen wir uns jedoch klarwerden: *Alles* kann ich im Leben nicht erreichen.

Hier muß ich meine eigene, urpersönliche Entscheidung fällen!

Bei jeder dieser Entscheidungen und den dazugehörenden Konsequenzen muß ich ganz nüchtern immer einen Verzicht in Kauf nehmen:

Wenn es mir als junger Frau Spaß macht, immer nach der neuesten Mode gekleidet zu sein, immer zu den elegantesten Frauen zu gehören, dann muß ich dafür einen

Preis bezahlen. Einen Preis, der in mehr Arbeit und in Verzicht auf mehr Freizeit besteht. Und sei es die Mehrarbeit meines Mannes, der damit entsprechend belastet und von der Familie länger ferngehalten wird.
Wenn ich lieber die Zeit genieße, die Natur liebe, die Tiere und Pflanzen studieren will, dann kann ich in der gleichen Zeit nicht Geld für das neueste Auto zusätzlich verdienen.
Beide — und viele andere — Entscheidungen kann jeder einzelne für sich nach *seinen* Vorstellungen treffen. Nur: bei jeder Entscheidung muß ich bereit sein, auch zu den entsprechenden Konsequenzen ja zu sagen.
Denn nur wenn ich bei allem, was ich tue, bei allem, was ich mir vorstelle, auch zu den dazugehörenden Konsequenzen ja sage, finde ich meine innere Ruhe.
Hier wird wieder so deutlich, warum das *vorherige Nachdenken,* das Zeitnehmen vor meinen Entscheidungen so wichtig ist und warum es im persönlichen Bereich so wenig ein »richtig« oder »falsch«, sondern nur ein »konsequent« oder »inkonsequent« gibt:
Es ist nicht grundsätzlich falsch, wenn ich Spaß am Organisieren und Managen habe und deswegen in vielen Ehrenämtern tätig bin und auch in meinem Dienst viele Überstunden mache, weil ich vorankommen will.
Es ist auch nicht grundsätzlich richtig, wenn ich mich nur noch dem beschaulichen Leben widme und dafür auf Anstrengungen und Strapazen jeglicher Art verzichten will.
Gültig ist einfach, daß unsere Welt beide Arten von Menschen braucht: diejenigen, die etwas vorantreiben durch ihre Aktivität, und diejenigen, die durch Besinnung und Nachdenken neue Wege aufzeigen.
Es gibt Menschen, die können ohne Arbeit, ohne eine

80-Stunden-Woche nicht glücklich sein. Das ist deren Privatvergnügen.
Es gibt andere, die haben keine Lust, mehr als das Nötigste zu arbeiten.
Beide können glücklich sein und in ihrem Sinn ein erfolgreiches Leben führen. Es darf sich der 80-Stunden-Arbeiter nur nicht auch noch die Freizeit des anderen hinzuwünschen; und jener, der die Freizeit genießt, nicht nach den Anschaffungen des Überstundenmachers schielen.
Wichtig ist nur, daß *ich für mich* meine persönliche Entscheidung treffe.
Alles im Leben geht nicht. Aber es geht immer, daß ich mein Leben ausgeglichen gestalte, wenn ich zu meinen eigenen Vorstellungen und den daraus entstehenden Entscheidungen konsequent stehe und konsequent danach handle und lebe.

Konsequent leben

Viel Unruhe, viel Unausgeglichenheit, ja sogar viele Depressionen im Leben kommen ganz schlicht und einfach daher, daß wir nicht konsequent handeln, nicht konsequent leben.
Wenn wir einmal in Ruhe alle unsere Wünsche und Vorstellungen, alle unsere Erwartungen und Handlungen überprüfen, werden wir leicht feststellen können, wie oft in uns entgegengesetzte Wünsche am Werke sind. Wie oft wir uns nicht klar entscheiden, nicht folgerichtig leben und handeln.

Das gilt für den beruflichen Bereich ebenso wie für die Freizeit. Für unser privates Verhalten genauso wie für unser öffentliches.
Da möchte einer zum Beispiel mehr für seine Gesundheit tun. Aber früh kommt er einfach nicht aus dem Bett heraus, obwohl ihm ein Waldlauf so gut täte...
Ein anderer läuft von einem Arzt zum anderen, statt einmal bei einem zu bleiben und dessen Ratschläge konsequent zu befolgen...
Ein Dritter läßt sich ständig von anderen guten Freunden und Verwandten »beraten«. Am Morgen hört er darauf, was seine Frau von ihm will. Zwei Stunden später sagt ihm ein Kollege das genaue Gegenteil, am Nachmittag hat seine Mutter wieder andere Vorstellungen.
Kein Wunder, daß solche — im wahrsten Sinne des Wortes — »hin und her gerissene« Menschen nicht zur inneren Ruhe und Ausgeglichenheit kommen können. Ich selbst muß erst einmal wissen, was ich will. Ich selbst muß mir erst eine klare Meinung bilden und mir über alle daraus entstehenden Notwendigkeiten klarwerden. Dann kann ich auch gelassen über den Dingen stehen, weil ich auch die negativen Begleiterscheinungen schon *vorher* einkalkuliert und mit in Kauf genommen habe.
Oft wissen wir auch, was unsere Fehler sind. Was wir abstellen müßten. Wo wir einen neuen Anfang machen könnten. Das alles wissen wir manchmal sehr genau. Aber wenn wir unsere Erkenntnis in die Praxis umsetzen sollen, fällt uns der entscheidende Schritt dazu manchmal doch sehr schwer.
Weil doch der bisherige Schlendrian viel bequemer ist. Weil ich jetzt gerade müde, abgespannt und ausgelaugt bin.

Weil ich mich jetzt nicht anstrengen möchte.
Morgen vielleicht.
Wir leben so oft in Widersprüchen mit uns selbst, weil wir nicht gelernt haben, unser Leben in kleine Schritte aufzuteilen, in kleinen Intervallen zu überschauen und zu leben:
Wir wollen immer alles auf einmal erreichen und scheitern dann schnell, weil wir dieses »alles« eben nicht »auf einmal«, so einfach wie im Handumdrehen, erreichen können.
Oder wir geben schon vorher auf, ohne überhaupt einen Anfang gewagt zu haben:
Tausend Meilen zu Fuß? »Das kann ich ja doch nie!«
Das gilt auch für unsere menschlichen Schwächen und Fehler. Wenn wir nicht gleich beim ersten Versuch Erfolg haben, wenn wir auch beim vierten Anlauf wieder scheitern, geben wir klein bei und probieren es überhaupt nicht mehr: Es hat ja doch keinen Wert!
So machen wir uns im wahrsten Sinne des Wortes selbst »durcheinander«, bringen uns in Unruhe, führen ein völlig unausgeglichenes Leben: weil wir unser *Wunschdenken* und unser *Handeln nicht in Einklang* miteinander bringen.
Weil wir zuwenig nachdenken über das, was wir *wirklich* wollen, und dann *zuwenig konsequent danach handeln,* sind wir im Zwiespalt mit unseren Wünschen und Vorstellungen.
Weil wir zu oft Verhältnisse ändern möchten, die sich einfach im Moment nicht ändern lassen, weil wir uns gegen manche Last im Leben wehren, statt sie freiwillig anzunehmen — wir müssen sie ja doch tragen —, werden wir unzufrieden und mürrisch.
Erst wenn ich mir in aller Ruhe und Deutlichkeit klar-

mache, was ich von allen meinen Wünschen auch *wirklich erreichen will*, erst wenn ich wirklich auch bereit bin, die dazugehörenden negativen Konsequenzen zu tragen — zum Beispiel einen Verzicht leisten dafür an anderer Stelle —, erst dann werde ich Ruhe, Ausgeglichenheit und Freude in meinem Leben finden.

Jeder kann sehr viel im Leben erreichen, wenn er auch bereit ist, dafür den entsprechenden Einsatz zu leisten. Allein darum geht es aber: ob ich bereit bin, meine Wünsche mit den Handlungen in Übereinstimmung zu bringen.

Ob ich dazu in der Lage bin, meine Wünsche durch meinen persönlichen Einsatz befriedigen zu können. Oder ob ich nicht an einem Wendepunkt stehe, wo ich mein Wunschdenken neu überprüfen muß.

Ausgeglichensein heißt ja nichts anderes, als daß *Wünsche, Tätigkeiten* und *Ergebnisse* in einem ausgewogenen Verhältnis zueinander stehen.

Je größer meine Wunschvorstellungen sind, um so größer müssen meine Leistungen sein, wenn die Ergebnisse zufriedenstellend sein sollen.

Wenn ich aber nicht zu entsprechenden Leistungen bereit bin, muß ich mein Wunschdenken korrigieren und entsprechend den Möglichkeiten meiner Leistungen anpassen.

Immer dann werden die Ergebnisse mit meinen Wünschen am besten übereinstimmen — und ich ein zufriedener, ausgeglichener Mensch sein —, je mehr ich bereit bin, konsequent Wünsche und Leistungen einander anzupassen.

Was Sie auch erreichen wollen, Sie können es verwirklichen, wenn Sie bereit sind, immer und überall konsequent zu handeln und konsequent zu leben.

Je kleiner Sie Ihre Schritte zur Bewältigung Ihrer Probleme setzen, je überschaubarer Sie Ihr Leben gestalten, je mehr Rhythmus, Regelmäßigkeit und Konsequenz Sie in Ihr Leben hineinbringen, um so gelassener wird Ihre Lebenseinstellung werden.
Weil Ihr Leben mit Ihren Möglichkeiten in Einklang gekommen ist.
Weil Sie nur noch das tun, was Sie auch wirklich wollen.
Weil Sie sich nicht mehr treiben lassen, sondern nach Ihrer eigenen Vorstellung bedächtig und mit großer Ausdauer das Ziel Ihres Lebens Schritt um Schritt angehen.

Zu Ihrer Erinnerung

Lassen Sie mich zusammenfassen:

- ☐ Wenn ich meine Probleme *überschaubar* mache, kann ich auch die größten und schwierigsten Aufgaben in kleine Teilschritte auflösen, die ich ohne große Schwierigkeiten ausführen kann und vor denen ich keine Angst haben muß.
- ☐ Nur immer der *nächste* kleine Schritt ist wichtig. Wenn ich in Belastungssituationen stehe: Was ist *jetzt* mein nächster Schritt? Was muß ich *jetzt* tun? Alles andere kann ich zurückstellen. Vor allem dann, wenn ich eine
- ☐ *Prioritätenliste* jeden Tag erstelle! Denn ich will ja mein Leben selbst gestalten und es mir nicht von anderen aufzwingen lassen.
- ☐ Daher kümmert mich auch nicht die Meinung der anderen, sondern nur meine eigenen Vorstellungen, meine eigenen Wünsche und Ziele sind ausschlaggebend für mein Handeln.
- ☐ Diese meine Ziele finde ich nicht durch Grübeln, durch ein ständiges Mich-im-Kreis-Drehen, sondern nur durch ruhiges sachliches Nachdenken. Dabei notiere ich schriftlich alle Punkte, die für und gegen eine Entscheidung sprechen.
- ☐ Entscheidungen treffe ich in Übereinstimmung mit meinen (zeitlichen, gesundheitlichen, finanziellen) Möglichkeiten.

- ☐ Wenn ich mein Handeln konsequent nach meinen Vorstellungen ausrichte, brauche ich keine Angst mehr zu haben, ob ich etwas »falsch« oder »richtig« mache. Ich brauche keine Angst mehr vor dem »gestern« oder dem »morgen« zu haben.
- ☐ Ich lebe *heute* mein Leben. Mit genauen Vorstellungen. Mit allen Konsequenzen. Auch unter bewußter Inkaufnahme negativer Begleiterscheinungen. (Jede persönliche Entscheidung hat immer positive und negative Folgen.)
- ☐ Immer, wenn ich nicht mehr durchschaue, nicht mehr weiterweiß, bleibe ich in Zukunft ganz ruhig und frage mich: Was ist *jetzt* mein wichtigster Schritt? Auf was muß ich *jetzt* achten?
- ☐ Weil ich alle wichtigen Schritte in meinem Leben nur nach ruhigem *Nachdenken* und bewußtem *Abwägen* vollziehe, kann ich gelassen und sicher, voller Selbstvertrauen und mit Mut und Tatkraft meinen Weg gehen.

Schritt um Schritt. Denn niemand verlangt von mir, daß ich zwei Schritte auf einmal mache.

Als Ergänzung zum vorliegenden Buch sollten Sie lesen:

Georg Popp

Der uns die Angst nimmt

Leben aus der Kraft des Heiligen Geistes

»Leicht faßbar und zugleich kraftvoll ist dieses Buch ... Der zeugnishafte Charakter und die praxisbezogenen Ausführungen machen den Wert dieser Handreichung aus, die etwas von der Weisheit geistlicher Führung enthält.«

(»Erneuerung«)

Georg Popp

Aus Gottes Kraft leben

Mit vielen Beispielen zeigt dieses Buch, wie der Leser Gottes Kraft und Hilfe ganz konkret in seinem Alltag erfahren kann. Die klare Gliederung und die vielen praktischen Übersichten machen das Buch zu einem wichtigen Wegbegleiter.

Georg Popp

Lobpreis

Gebete aus der Bibel, die Mut und Kraft schenken. »Ich komme aus dem Staunen nicht mehr heraus. Das Beten der Bibeltexte öffnet eine ganz neue Welt. Meine Ängste und Depressionen sind weg ...« *(Horst G. Südbrookmerland)*

Georg Popp

Ich lasse Dich nicht allein

Die liebende Zuwendung Gottes ist der Grundgedanke dieses preisgünstigen Bildbandes, der mit seinen einfühlsamen Texten vielen kranken und depresssiven Menschen wieder Mut und Hoffnung schenken wird.

Erhältlich in allen Buchhandlungen

Bücher, die Mut machen

Georg Popp

Einander zum Segen werden

»Mit vielen praktischen Beispielen versteht es der Verfasser, dem Leser eine neue, heitere Sicht des Lebens zu schenken. Es ist ein frohmachendes, befreiendes Buch.«
(Evang. Kirchenbote Speyer)

Georg Popp

Der uns trägt und führt

Von Gottes Größe, Liebe und Treue

»Lebensnah und lebendig ... Der Autor zeigt auf, daß ein Leben mit Gott ein Leben voller Kraft, voller Ausgeglichenheit und frei von Ängsten ist.« *(Volksblatt)*

»Meine Sekretärin hat dieses Buch mit in den Urlaub genommen und kam total begeistert zurück. Wir werden Ihr Buch gerne aufs wärmste weiterempfehlen.«
(Pastor Volkhard Spitzer)

Georg Popp

Das Kursbuch für mein Leben

Die Bibel: Kraft und Hilfe für den Alltag

»Wir empfehlen dieses Buch, weil es mit vielen praktischen Beispielen aufzeigt, wie ein Christ mit der Bibel umgehen kann und durch sie Kraft und Hilfe erfährt.«
(»Erneuerung«)

Erhältlich in allen Buchhandlungen